[英国]朱利安·巴吉尼 著　付满 译

无神论

牛津通识读本·

Atheism

A Very Short Introduction

译林出版社

图书在版编目（CIP）数据

无神论 /（英）朱利安·巴吉尼（Julian Baggini）著；付满译. —南京：译林出版社，2018.5（2019.9重印）
（牛津通识读本）
书名原文：Atheism: A Very Short Introduction
ISBN 978-7-5447-7090-3

Ⅰ. ①无… Ⅱ. ①朱… ②付… Ⅲ. ①无神论 – 研究 Ⅳ. ①B91

中国版本图书馆CIP数据核字（2017）第231402号

著作权合同登记号 图字：10-2011-716号

无神论 ［英国］朱利安·巴吉尼 / 著 付满 / 译

责任编辑 许 昆
装帧设计 景秋萍
校 对 张 萍
责任印制 董 虎

原文出版 Oxford University Press, 2003
出版发行 译林出版社
地 址 南京市湖南路 1 号 A 楼
邮 箱 yilin@yilin.com
网 址 www.yilin.com
市场热线 025-86633278
排 版 南京展望文化发展有限公司
印 刷 江苏凤凰通达印刷有限公司
开 本 635 毫米 ×889 毫米 1/16
印 张 15.5
插 页 4
版 次 2018 年 5 月第 1 版 2019 年 9 月第 2 次印刷
书 号 ISBN 978-7-5447-7090-3
定 价 39.00 元

序　言

陈嘉映

作者说，他这本书的主要目的是“要为无神论的肯定性提供论证”。作者是西方人，是广义的“基督教世界”中人，在那里，过去很多很多个世纪，所有人都信仰上帝，今天，很多人不那么信了，或根本不信了，但愿意说自己是“无神论者”的，仍然不多。所以作者要提供论证，为无神论辩护。

大多数中国人不信上帝，似乎没必要为无神论做辩护。不过，作者提供的论证，涉及很多有意思的问题，例如帕斯卡赌注问题（帕斯卡说，即使我们无法确定上帝是否存在，我们最好也相信上帝存在，因为不相信的风险要比相信的风险大得多）。再例如，无神论本身是不是信仰？宗教跟道德是什么关系？什么能够充当有效的证据？这些都是一般的“哲学问题”。作者的论证有助于澄清一些常见的误解。

就拿宗教跟道德的关系来说吧。很多人叹息当今中国人道德败坏，叹息之际加一句，中国人没有信仰嘛，好像中国人若信上某种宗教，道德水准就能得到提升。作者的主张则是，宗教和道德是两码事。很多人听来会觉得这个主张相当激进，但我是一直同意作者的。要说宗教信仰，十字军骑士信仰坚定，IS圣战战士信仰坚定，要举宗教之外的例子，那就举纳粹吧。我当然不是说，有信仰都会成为纳粹或者自杀式袭击者，我只是说，信仰不一定能带来更高的道德——除非你认为最高的道德本来就是坚定的信仰。我不知道中国人的道德水平与半个世纪前相比低了多少，但若当今的道德水准偏低，毛病不一定出在信仰不信仰上，救治之方未见得是让信仰坚定起来，更不是让信仰狂热起来。

再说说“无神论”这个词吧。上面说到，在西方，人们多半不愿意自称“无神论者”。这是因为，atheist从构词上就带着否定性的前缀a-。“无神论者”有强烈的针对性，似乎他蔑视宗教，敌视宗教。在通常语义里，还有否定道德、否定人生的意义之类的意涵。作者为无神论辩护，自然要辩明，把这些意涵加在“无神论者”头上是不公正的。不信仰哪种成建制的宗教，不一定要去敌视宗教，更无关乎道德不道德。只不过，语词的意涵多半不是经由一番理性辩证就能够改变的。我就一直不愿自称无神论者，但在这个上下文中也的确不容易找到一个合适的词。反正，我不反对宗教——除非这种宗教鼓励杀人放火，而且，我一贯相信头上三尺有神明——惟当人这种动物能够抬起头来仰望什么，他才成为人。

本书篇幅不大，写得平白易懂，不需要先做导读。受命写序，就写以上几句吧。

目 录

前　言

非常有幸能为（至少到目前为止）品质优秀的“牛津通识读本”系列丛书撰写本书。我的目标是使本书有可读性和趣味性，避免枯燥的学术讲解，同时努力保持知识上的高度严谨和完整，使之与丛书的精神气质相一致。我是否做到了这些，只有让他人去评判。

为了不使本书陷入学术式的乏味，我在撰写过程中没有遵循严格的引用和脚注学术规范。取而代之的是，我在本书末尾附上了主要的资料来源，并为深入阅读给出了建议。我希望，这些内容足以向那些为本书提供思想源泉的诸位作者和思想家表达感谢。

本书面向各类读者，包括希望了解无神论系统性论证和解释的无神论者、认为自己事实上可能是无神论者的不可知论者，以及那些真诚期望理解无神论的宗教信徒。我的指导思路是，写出一本能够帮助无神论者组织自己的思想，并能够让他们随后作为礼物送给朋友，解释其信仰的书。

本书的完成有赖很多人的功劳，我对他们表示感谢。玛丽
i 莲·梅森最早提议我尝试写这本书，谢利·考克斯完成了本书
的合同工作，凯瑟琳·里夫和艾玛·西蒙斯从头到尾参与了本
书的出版工作。特别要提及的是玛莎·菲利翁，她为本书倒数
第二稿的繁文赘语做了修改。人文哲学家协会的同事们使我加
深了对近些年兴起的实证无神论的理解。我还要感谢戴维·纳
什和罗杰·格里芬，他们为“历史上的无神论”那一章提供了阅
ii 读意见。

第一章

什么是无神论?

黑暗经历?

我小时候上的是罗马天主教小学。如果我可以讲述一些被修女们殴打和在圣器室被好色的神父摸来摸去的故事,这会对战斗无神论的事业有所帮助,但这些耸人听闻的故事都不是真的。相反,我成长的宗教环境称得上文雅和善。我的父母都不是狂热的《圣经》信徒,我的老师也都很善良。我并不觉得那所学校实行的温和说教给我带来了多大的伤害。在那里,信仰的灌输靠的是不断重复和加强,而不是赤裸裸的强迫。事实上,就很多方面来说,教会给我的影响都很微小。我转到一所非天主教中学后很快转向了循道公会,而到离开学校时,我完全放弃了宗教信仰。我成了一名无神论者,一个认为世界上没有上帝或诸神的人。

但即便是这种温和的宗教养成也有着长期的影响。当我还在念小学时,"无神论者"这个词都会引起一些阴森、邪恶、危

险的黑暗印象。信仰上帝，遵从他的旨意，这些在我们看来是善
1 的基本要素，因此，任何抛弃上帝的观念从定义上说都与善相违
背。而无神论者就只能属于黑暗的一面。

当然，我现在不会相信任何组成这种有关无神论及其危害的悲观认识的看法。善与信仰上帝，对我来说，完全是两回事。无神论，按照正确的理解，是一种正面的世界观（positive world view）。但每当我想起“无神论者”这个单词时，天主教导师给它抹上的黑色污点仍然残留。在情感上，他们成功地把无神论与阴森、负面和邪恶联系在一起。这个污点现在仅仅是一种残留，在我有意识的思维中几乎不可察觉。但它却无法根除，我的注意力有时会不自觉地转向它，就像眼睛转向很难察觉到的瑕疵，这种瑕疵一旦被发现，就不会被忘记。

我的经历也许与众不同，其中的细节也许很少人能产生共鸣。然而，我相信我的经历中有一个方面对大众有共通性。我们人类经常宣称，是我们的思考能力把我们与其他动物区别开。我们是**智人**，即会思考的人科动物，思维的能力是人类最独特、最高级的属性。但我们并非完完全全是理性的。这不仅体现在我们经常为不理性或非理性的力量和欲望所左右，还体现在我们的思考本身也充满了情感因素。这些情感塑造了我们的思维，而通常我们不会意识到这一点。

我提醒这个事实的原因在于，本书讨论的几乎全都是无神论的理性依据。这样做并不为过。我们对任何观点的说明，最好的方法总是诉诸可能赢得最广泛支持的理性和论证。不过我也知道，我们进行这种理性讨论时并非没有先入为主的意见，并非抱有完全开放的心态。我们总是带着偏见、恐惧和坚持。其

中一些情感没有理性基础，这使得它们有些无法在理性论证下进行探讨。对于无神论的讨论也是如此，几乎没有读者会持完 2
全中立的态度。我猜测，很多读者，甚至是那些不信教的读者，对无神论的负面联想也要多过正面联想。

这一点非常重要，因为这样的联想会干扰我们进行清晰的思考，导致我们在没有扎实根据的情况下做出预先判断，抛弃理性论证。如果你对无神论者的认识根深蒂固，认为他们是可怜的、悲观的非道德主义者，那么支持相反观点的理性论证可能会遇到严重的心理排斥。

这些情感可能对我们有很牢固的控制，我们不可能仅凭意志力就摆脱它们。但我们可以试着增强对这些情感的意识，并对它们进行弥补。在本书中，我试图说明的是，无神论在很多方面与人们想的不同。为了使这个讨论尽可能公平，我想请大家努力抛开对无神论先入为主的黑暗观点，试着按论据本身的价值进行评判。

定义无神论

无神论事实上极容易定义：这是一种认为不存在上帝或诸神的思想。（下文中我只谈论对上帝的信仰，但本书的论证既适用于单一神论，也适用于多神论。）然而，很多人认为无神论者的观点是，既不存在上帝，**也**不存在道德；或既不存在上帝，**也**不存在生命的意义；或既不存在上帝，**也**不存在人类的善。我们之后会看到，没有什么阻止无神论者相信道德、生命的意义或人类的善。仅仅在谈论有关上帝的信仰时，无神论才具有内在的否定性。对于生活的其他方面，无神论与其他思想一样，都可以是一种肯定性的观点。

不过，有一个方面无神论的否定性超越了上帝的存在这个论题。无神论者抛弃对上帝的信仰，这通常伴随着对任何超自然现实或超验现实的更广泛摒弃。例如，无神论者通常不会相
3 信存在永恒的灵魂、逝后之世[①]、鬼神或超自然力量。虽然严格说来，相信这些并不妨碍无神论者成为无神论者，但无神论赖以维系的论据和观点自然地倾向于排除相信超自然或超验的观点，其中的原因我们后面会讨论到。

无神论不仅与有神论以及其他形式的上帝信仰相对，也与不可知论，即一种在信仰上帝和不信仰上帝之间存疑的态度相对。不可知论者认为，我们不可能知道上帝是否存在，所以唯一理性的选择是保留意见。对于不可知论者来说，有神论者和无神论者都太过极端，他们要么肯定上帝的存在，要么否定，而我们并无法获得足以证明其中任何一个观点的证据或论据。对上帝没有肯定性信仰的人是不可知论者，还是无神论者，这是一个重要的问题，或许与我们是否应该正面地信仰上帝的问题同样重要。我将在下一章详细讨论这个问题。

无神论、自然主义和物理主义

无神论根本上是否定性信仰系统的这一形象还带来了另外一个问题：很多人认为无神论者就是物理主义者（有时也称为唯物主义者）。初步的物理主义认为只存在物质对象。稍微进一步的版本是，只存在物理科学（物理学、化学和生物学）研究的对

① 原文为“life after death”，指的是死后，比如上天堂、下地狱，或者转世。——译注，下同

象。这个表述的重要性在于，有些物理学的基本力似乎并不是我们平常所说的“物质对象”，但物理主义者不会否定它们的存在。

只有在一个十分宽泛的意义上，多数无神论者才能称为物理主义者。也就是说，他们信仰的无神论至少部分上由自然主义决定，这种观点认为只存在自然世界，超自然世界并不存在。我们应该把这种观点称为“小写的自然主义”（naturalism），以便与某些哲学上的自然主义（Naturalism）相区分，后者可能有 4
更为严格、更为具体的论断。我认为，这种小写形式的自然主义是无神论的核心。

这种自然主义能够与某种物理主义充分相合，这种物理主义结合了自然主义的世界观，同时进一步认为这个世界在本质上是物质性的。然而，由于物理主义本身并不要求后面这种观点，所以就不能说自然主义无神论者一定也是物理主义者。即便他们是物理主义者时，我们也须清楚，“在本质上是物质性的”这个说法可以有多种理解，它们各自的含义非常不同。

对这个观点的一种理解是认为它谈论的是实质，即所有事物赖以构成的“东西”。这种物理主义认为，“东西”只能是物质性的：不存在非物质性的灵魂、鬼神或观念。很多无神论者（很可能是大多数）都会认同这种物理主义。

不过还有一种被称为取消物理主义的更极端的观点。根据这种观点，不仅“东西”只能是物质性的，而且任何非物质性的东西都不会真正存在。例如，不存在诸如思想或观念这类东西。取消物理主义不太容易理解，因为它需要我们否定很多东西的存在，而这些东西又似乎是我们必须相信的。比如，我们自己拥有心灵似乎是我们整个存在的核心属性，我们又如何否定心灵的存在呢？

很多无神论批判者似乎认定无神论者就是物理主义者（事实上，这在大多数情况下是对的），认为物理主义就等同于取消物理主义（这个判断在逻辑上是错误的）。因此，取消物理主义明显的荒谬性就成了他们反证无神论信仰的证据。大致上说，无神论者会被塑造成虚无主义者，他们不仅不相信上帝的存在，而且否定除物理对象以外的任何事物的存在。如此贫乏的存在
5 也就几乎无可取之处。

然而，物理主义并不必然意味着取消物理主义。所有物理主义都认为"东西"只能是物质性的。但这并不意味着（比如说）心灵不存在。它的意思是，不管心灵是什么，它不会是几块"东西"。如果认为心灵是几块"东西"，那就犯了吉尔伯特·赖尔所说的"范畴错误"。这个错误是把心灵和物质当作同一个范畴"东西"的不同种类。这是错误的。我的脑袋里并不存在以某种方式一起工作的两种不同东西——精神的（即心灵）和物质的（即大脑）。相反，对于物理主义者来说，我的脑袋里只有一块东西，即我的大脑。在很重要的意义上，我拥有心灵这个说法是正确的，因为我可以思考，拥有意识。然而，如果认为"我拥有心灵"这个命题蕴含了"我部分由精神的、非物质的实质构成"这个命题，这就错了。

如果这有点难以理解，那么我们以爱为例进行说明。没有人会认为爱是一种特殊的实质，即除了物理的"东西"，还有一种爱的"东西"。也没有人会认为爱是某种物理对象。然而，很多人相信爱，感受爱，给予爱，等等。爱是真实的，但它并不是实质。如果我们认同了这个看法，那么我们有什么理由不认同心灵是真实的，但它不是一种特殊的精神实质这个看法呢？很多

真实的东西都不是几块“东西”那种意义上的事物，这里并没有什么高深的形而上学难题。

这些属于哲学的深水区，我们这里只能浅尝辄止。目前，我只想强调，无神论者并非大而化之地否定所有非物质性的东西，如果“物质性”意味着一种物理实质的话。多数无神论者的看法是，虽然宇宙中只存在一种“东西”，即物质性的东西，但从这种东西中衍生出了心灵、美、情感、道德价值等，简言之，衍生出了所有使我们人生丰富多彩的现象。 6

应该记住，大部分无神论观点并非植根于物理主义的种种论断，而是来自更为广泛的自然主义的观点。我们只需要记住，自然世界不仅是原子和各种基本物理力的家园，同样是意识、情感和美的家园。再次强调，无神论者否认上帝的存在，但他们不是天生的否定论者，这是上述讨论的全部要旨。

无神论的肯定性论证

我写本书的主要目的是要为无神论的肯定性提供论证，这样的无神论并非简单地蔑视宗教信仰而已。换句话说，我希望本书在说明为什么一个人**不**应该是有神论者的同时，也能说明为什么一个人应该是无神论者。很多无神论批判者会说这是不可能的，因为无神论寄生在宗教之上。这一点从其名称就可以看出来，无神论是“无”和“神论”的结合，即对有神论的否定。因此，无神论在本质上就具有否定性，它的存在依赖它所摒弃的宗教信仰。

我认为这种观点有着很深的错误。它初始的可能性建立在一种非常粗糙且具有缺陷的推理基础之上，我们把这种推理称为词源谬误。这种错误是认为我们理解一个词的意义的最佳方法是了解它的起源。很显然，事实并非总是如此。例如，“哲学”（philosophy）一词的词源是希腊语中的“智慧之爱”。然而，我们无法通过这个词源来了解当今哲学的意义。同样，如果你走进一家意大利餐馆，仅仅知道“tagliatelle”（意大利干面条）的字面意思是“小鞋带”，那么如果你点了一份“tagliatelle”，你就不会知道上来的会是什么。因此，无神论这个单词是对有神论的否定，这一事实不足以说明无神论本身具有否定性。

把词源学放到一边，我们可以看到无神论被披上否定性的外衣仅仅是一种历史巧合。我们来看下面这个故事，它的开头
7 是事实，后面是我们的虚构。

苏格兰有一个很深的湖，叫作尼斯湖（Loch Ness）。很多苏格兰人（几乎可以肯定是大多数）认为这个湖与苏格兰的其他湖一样。他们这种看法我们可以称为正常看法。但这并不是说，他们没有具体看法，仅仅是这个看法如此之普通常见，已无须深入说明。他们认为这个湖是某种大小的自然现象，某些鱼生活其中，等等。

然而，有些人认为这个湖里有一种奇怪的生物，称为“尼斯湖水怪”。很多人声称看到过它，虽然至今仍没有存在这种水怪的有力证据。目前我们的故事仍都是事实。现在，想象一下这个故事会如何继续。

相信水怪存在的人越来越多。没过多长时间就出现了一个新词来称呼这些人：他们被有些戏谑地称为“尼斯人”（Nessies）。[很多宗教名称都源于嘲讽的昵称：循道公会（Methodist）、贵格会（Quaker），甚至基督徒（Christian）都是如此。] 然而，随着尼斯人数量的增长，这个名字已不再是一个玩笑。虽然水怪的存在仍缺乏有力的证据，但不久成为尼斯人就成了常态，早先被看作正

图1 不相信这个水怪存在的人就是持否定态度吗?

常的那些人现在反而成了少数。他们也有了自己的名字“反尼斯人”(Anessies),即不相信水怪存在的人。

那么可以说反尼斯人的观点寄生于尼斯人的观点吗?这种说法不可能是正确的,因为反尼斯人的看法要早于尼斯人的看法出现。然而,关键并不在于年代的先后。关键是,即使尼斯人不存在,反尼斯人也会有着与现在相同的看法。尼斯人的兴起所带来的结果是它为一套看法命了名,而这一套看法早已存在,只不过人们认为它稀松平常,无需特别的标签。

这个故事的意义应该十分清楚了。无神论者所持有的是一
8 种特定的世界观，它包含有关世界以及世界中的事物的很多看
法。有神论者认为还有另外一种存在——上帝。如果有神论者不存在，无神论者还是会存在，但可能他们不会有这么一个特殊的名字。由于有神论成了我们这个世界的主流，如此多的人相信上帝或诸神的存在，因此无神论就从有神论的反面获得了定义。这不意味着无神论寄生于宗教，这与反尼斯人的看法并不寄生于尼斯人的看法一样。

我们看看如果所有人都不再信仰上帝会发生什么，也许可以最清楚地理解无神论寄生于宗教信仰这种说法的荒谬性。如果无神论寄生于宗教，那么没有宗教的话它就肯定不存在。但
9 在这个想象中的情况下，我们看到的不是无神论的终结，而是它
的胜利。无神论不需要宗教，这与无神论者不需要宗教一样。

如果你是无神论者，请鸣笛

总之，本书的目的在于表达一种对无神论的肯定性观点，它抛弃了认为无神论只能寄生于有神论，只能作为有神论对立面而存在的错误观点，或者说抛弃了认为无神论本质上除了否定上帝的存在，还否定其他一系列信念的错误观点。就这两方面来说，无神论在本质上都不具有否定性。无神论者对于宗教信仰的态度可以是漠视，而非敌视。相较于许多有神论者，他们可能对美学体验更为敏感，更有道德感，更能与自然之美契合。没有什么理由认为他们比教徒更容易悲观或沉郁。

然而，我不想落入陷阱，如此大费周折地纠正偏见，最后却塑造了一幅过分乐观的无神论画面。多数无神论者把自己看作

现实主义者，无神论是他们直面世界、无须借助迷信或虚构的令人宽慰的逝后之世或仁慈的力量来照看我们的意愿的表现，而要成为这样的现实主义者就需要接受这个世界上发生的很多事并不美好的事实。丑恶的事情会发生，人们会过着悲惨的生活，我们根本无法知道盲目的运气（而非命运）何时会介入，然后改变我们的生活，不管是向着好的方向，还是坏的方向。

由于这一点，无神论者倾向于把无节制的、盲目的欢乐看作一种诅咒。无神论者在那些在汽车保险杠上贴着“如果你爱基督，请鸣笛”的福音派基督徒身上看到了一种阴冷的幽默。此类贴纸滑稽和让人沮丧的地方在于它反映了信徒们兴高采烈的自信，而他们只须提醒自己是宗教信徒就能获得一点这种对世界的良好感觉。这种粗糙的简单世界观具有黑色幽默，因为它表明人类是多么容易屈服于愚昧，而它能给人安慰。 10

欢呼雀跃的无神论也同样令人厌恶，不过好在无神论内在的现实主义从整体上提供了一种免疫力。因此，你不会看到“如果你是无神论者，请鸣笛”字样的汽车贴纸，至少不会看到一本正经的类似贴纸。然而，当我们试图推翻无神论普遍的否定性形象时，我们很可能会过分强调它的肯定性。而事实是，无神论者与肯定性或否定性观点之间并没有先验的联系。我在论证无神论不一定具有否定性，它可以是肯定性观点时，并不是说成为一名无神论者就拿到了通向幸福的通行证。在生前取得成就所要付出的努力要比在身后多得多，而认为即使清醒地接受这个现实，人生成就仍可为我们企及，这是无神论的现实主义和乐观主义的标志。 11

第二章

论证无神论

怎样进行论证

这一章要论证无神论。不过在此之前，我要先阐述一下究竟应该怎样论证一个具体的观点。这一点是必要的，因为除非我们对何为大体上充分的论证有所认识，否则我们就几乎无法评判任何具体观点。

在最一般的情况下，我们可以通过说理、证据和修辞来进行论证。说理有好有坏，类型繁多，我们一会儿会看到。证据有强有弱。这里的修辞比较特殊，因为好的修辞并不意味着更充分的论证，它只是使论证更有说服力。修辞只是用语言进行劝说的方法，它既可以让我们相信谬误，也可以让我们相信真理。

宗教布道者和政治家都是传统的修辞行家。比如，耶稣似乎就说过这样的话“不与我相合的，就是敌我的”（《马太福音》12：30），两千年后乔治·W. 布什也用了这种修辞手法，他说“不与我们站在一起的国家，那就是与恐怖主义者一伙”。这完

全是修辞手法，因为尽管这么说可能具有说服力，但它没有事实基础或逻辑基础。一个人要么支持布什或耶稣，要么就与他们 12
为敌的说法显然是不正确的。他可以态度未决，或者仍未足够认同，不会全力支持，但已有相当程度的了解，绝不会反对。布什和耶稣期望用这种泾渭分明的说法劝说民众改变中间态度，转向支持自己："我肯定不反对他们，因此我应该站出来，支持他们。"

在下面的讨论中，我会避免使用纯粹的修辞手法，在无神论受到这种攻击的时候，我会予以揭露。但我主要会集中于无神论的充分论证的真正组成部分：证据和说理。

证据

在平常的谈话中，我们会用到各种各样的证据，如"我是在新闻里听到的"、"我是亲眼看到的"、"在实验中，十只猫中有八只说它们的主人喜欢这样"。

当然，问题是并非所有的证据都是好证据。怎样的证据才算是好证据这本身是个大问题，不过有一个关键的一般原则：如果证据经得起很多人的反复检验，那么这个证据就比较有力；如果证据只由少数人在有限场合中印证，那么这个证据就比较弱。我们可以看两个极端的例子，来了解这个原则。水在零摄氏度结冰的证据就属于最好的证据。原则上，所有人都可以在任何时候对此进行验证，而每次验证又使得这个证据更具有说服力。

我们现在来看另一个极端。有一种证据常被称为轶事证据（anecdotal evidence），因为它来自单个人对一件事的描述。某

个人声称他亲眼看到自己的狗自燃。这是不是证明狗会自燃的好证据呢？完全不是，原因有很多。首先，正如苏格兰哲学家大
13 卫·休谟所指出的，这个证据必须与能够说明狗不会自燃的更为众多的证据相权衡。休谟并不是说，这个人的证词不构成证据，而是说，当我们把这个证据与狗不会自燃的其他证据相比较时，这条证据就失去了意义。

这不是一个好证据的第二个原因是，很可悲，人类不善于理解自己的经验，特别是那些不同寻常的经验。以观看魔术表演的经历为例。一位魔术师似乎具有魔力，没有明显借助外力就把一个金属勺子掰弯。你会听到对此深信不疑的人说他们“看到那个人用意念掰弯了勺子”。当然，他们绝没有看见这样的事情，尤其是因为他们看不到魔术师的意念，也就不可能看到用意念掰弯金属勺子的过程。他们看到的只是一个被掰弯的勺子，同时没有看到外力的作用，如此而已。其他的都是一种理解。

以上说明并不是要把所有目击者都称为说谎者或笨蛋。他们既不是说谎者，也不是笨蛋。他们没有说谎，只是误解了；他们不是笨蛋，只是聪明的魔术师的牺牲品。

我们可以通过展示轶事证据的薄弱性，说明这两个极端例子的差别。对狗自燃而言，这个事件无法重现，这是我们把轶事证据作为薄弱证据的一个原因。如果狗的确经常无缘无故地自燃，那么这个证据就是更有力的证据。这是因为，它能够由更多人在各种场合重复检验。

同样，我们也可以对勺子变弯的证据表示怀疑，因为当掰勺子的人在实验条件下接受观察时，他们的“能力”并没有展示出
14 来。这条证据似乎也无法像水结冰那样，接受一般的检验。

图2　把一个人切成两半只需要制造一种错觉即可；然而，掰弯勺子却似乎需要真正的意念力。你相信吗？

我想说的是，所有有力的证据都支持无神论，只有薄弱的证据不支持无神论。对于任何普通情况来说，这都足以证明无神论是正确的。这可以类比水在零摄氏度结冰的例子：所有有力证据都证明这是对的。只有来自轶事、神话、道听途说和魔术表演的证据不支持它。

缺席与证据

如果我们错误地把无神论纯粹当成有神论的对立面，那么我们可能会认为支持无神论的证据中应该包括不支持上帝存在的证据。然而，我们在第一章中看到，无神论从本质上说是一种自然主义，所以它的主要证据基础应该是支持自然主义的证据。只在否定的意义上，这种证据才会反证上帝的存在：也就是说，由于缺少证明上帝存在的证据，我们没有任何理由认为上帝存在。

这种论证不能让很多坚守“证据的缺席不是缺席的证据”这条原则的人满意。然而，事情并不像这句话所呈现的那么简单。我们来看一个简单的问题：我的冰箱里有没有黄油。如果我们不打开冰箱门，不往里面看一看，那么关于黄油在不在的证据就缺席了，但这不会构成黄油不存在的证据。如果我们往里看了看，仔细地检视了一番，没有找到黄油，那么证据仍然缺席，但这里证据缺席会构成黄油不存在的证据（缺席的证据）。事实上，除了找不到某物**存在**于此的证据之外，很难有什么其他证据可以证明它**不在**于此。不存在的东西不会留下踪迹，所以只
16 能是它的存在踪迹的缺席可以为它的不存在提供证据。

我们没有往冰箱里看时证据的缺席，与我们看了时证据的

缺席，它们的差异十分简单：前者的缺席是因为我们没有去找可能存在的证据；后者的缺席是因为如果我们要找的东西真的存在，我们应该会找到证据，却没有找到。后面这种证据的缺席是一种真正能够证明缺席的有力证据。想一下：证明你的冰箱里没有大象的最有力的证据是，（比如说）当你打开冰箱门时，你没有发现任何大象的踪迹。

所以，无神论的证据应该取自这样的事实：有大量的证据支持自然主义的正确性，而对其他任何事物的存在却证据缺席。这里，"任何事物"当然包括上帝，此外还有精灵、霍比特人和真的长生不老的硬糖人。这里，上帝没有任何特殊性。上帝只是无神论者认为不存在的事物之一，仅仅是因为历史的原因，凑巧上帝赋予了无神论者名字。

无神论的证据

我们现在应该来看一下自然主义的证据，也即无神论的证据是什么。我要提出的论点是，所有有力的证据都说明无神论是正确的，只有薄弱的证据反证无神论。这个论点似乎有些极端，但我的确认为它有道理。

我们来看要用证据说明的最大的问题之一：人的本质。无神论者所持的自然主义认为人是一种生物体，而不是很多宗教信仰者认为的某种实体化的精神灵魂。这只是一种最简的说法，可以衍生出几种不同的理解。例如，有些人认为人与其他动物没什么两样，人类没有任何特殊之处，与其他兽类没有不同之处。也有些人虽然认同人类是生物体，但认为人所拥有的意识和理性思维的能力使人类在本质上不同于其他动物。这种"人类例外论”（human exceptionalism）的观点在传统上是无神论人本主义的一条重要线索。

我们这里的重点不是要解决这种争论，而仅仅是要说明持无神论的例外论者与其批评者都认为无论人类是什么，他们首先是会生老病死的动物，不具有永恒的精神灵魂。这个论断有什么证据呢？我们首先看有力证据。有关人类的有力证据都指向人的生物本质。例如，意识虽然在很多方面都还是个谜，但我们确知的事实是，意识是大脑活动的产物，没有大脑，就没有意识。事实上，这一点如此明显，很难想见有人会真的对此表示怀疑。神经学的数据表明，我们与意识有关的各种经验都与某种形式的大脑活动相关联。

这里的关键词当然是“相关联”。大脑事件与有意识的经验相关联这种说法只是说明一个总是伴随着另一个，而不是说一个是另一个的原因。例如，夜晚紧随白昼，但并非由白昼引起。不过，虽然关联性不必然指向因果关系，但大脑与意识之间至少是一种依存关系。也就是说，如果某个与特定意识活动相关联的大脑区域受到限制或损伤，这种意识活动就会停止。（很奇怪的是，如果你刺激某些特定大脑区域，有时会引起不自觉的意识活动。例如，通过刺激与幽默有关的大脑区域，你可以让某个人认为所有事都很好笑。）虽然我们无法考察他人的心灵，但如果他们的大脑停止了工作，他们肯定不会再表现出意识生活的迹象。

如果有某种东西能把我们区分为单独的个体，那这种东西必然是我们进行意识活动和理性思维的能力。如果这种能力完全依赖于我们的大脑有机体，正如有力证据所证明的，那么无神论者所持的我们是会生老病死的生物有机体的观点，就得到了有力的支持。

对于很多无神论者而言，这个问题可以视作已经得到解决，因为有太多证据说明我们是会生老病死的动物，这与无神论者的观点一致。但非无神论者此时可能会提出两点反对意见。第一点是，无神论者太过自信，因为关于意识及其与大脑的依存关系，有太多事情他们不可能知道。另一点是，可能存在相反证据。

如果我们先来看这些相反证据，我们会发现它们都是十分薄弱的。如果我们列出那些说明意识可以在大脑死亡之后继续存在的证据，我们会看到这样的证据：灵媒的证言、鬼神的出现和濒死体验。由于从没有死去的人可以与活人自由交流，从而提供他们存在的证据，所以真的也就没有更有力的证据了。

这些证据形式都极为薄弱。灵媒不可靠。当然，有些人相信他们可以通过灵媒与自己深爱的人发生联系。然而，这种个人信念并不是很好的证据。人有很多深刻的情感需求使人相信一些在正常情况下看来荒谬的东西，但在丧亲之痛中，这种荒谬应该得到更富同情心的称谓。事实上，从来没有灵媒能够告诉我们一些可以确证他们是在与“灵界”传递信息的事情。鬼神就更不可信，而濒死体验也无法提供证据，说明我们在死后仍然存在。甚至顾名思义，“濒死”体验也说明了这一点。

此时，非无神论者可能会用大量的证据进行反驳，他们认为无神论者无法对这些证据做出回应。灵媒带着人们找到被谋杀孩子的尸体怎么解释？这种信息活着的人不可能知道。如果灵媒不可靠，那警察为什么会参考他们的说法？你怎样解释灵媒对寡妇说出只有她死去的丈夫才可能知道的事？

非无神论者要求无神论者对这些存在逝后之世的证据一一做出回应，是不公平的。任何人要对每个论断都做出评价本身就是不可能的。不过无神论者无须对这些例证一一进行反驳。他们只要诉诸一般原则即可。

第一个要说明的一般观点是，几乎所有此类证据经过细致考察都会比其自身要薄弱得多。正如大卫·休谟指出的，我们有一种被奇迹和神秘所迷惑的自然倾向，这使我们有强烈的意愿去相信那些非同寻常的故事。无神论者可以不无道理地说，在所有经过细致考察的例子中，他们都发现这些证据与初看起来不同，他们有理由认为所有类似的例证都同样薄弱，除非被证明并非如此。因此，责任在于非无神论者，不要要求无神论者做出解释，而要给出比重复的传言更确切的例证。

不过，无神论者的第二个回应更为重要。所有用来证明有逝后之世的证据都是薄弱型的证据。那些所谓的与亡者发生交流的案例都没有给我们提供任何接近那种一般性的、可观察的、可验证的数据的证据，这些才是有力证据的典型特征。所以，对非无神论者的问题应该是，为什么他们认为几个证明逝后之
20 世存在的薄弱证据足以胜过证明人类意识必然会消亡的大量有力证据？如果证明逝后之世存在的证据是有力型的，那么它们相对稀少的数量也许不那么重要。如果，比如说，一个人站在一间房前，房子里的人自焚了，但他仍可以对这些人说话，这些人也能对他说话，那么仅这一个超越生死的案例就足够使无神论者重新审视他们对人类生命有限性的信仰。但证明逝后之世存在的证据都没有达到这种效力。当人们更重视轶事性的薄弱证

据，而非证明生命有限性的有力证据时，就有种一厢情愿和自欺欺人的味道。

这就是即便是那些真的令人困惑的证明逝后之世存在的证据也无法为非无神论者赢得论辩的原因。让我们假设有这么个例子（或许有不少这样的例子），灵媒说出了只有亡者能够知道的事情。这里的重点仍然是，这些稀少的、不可复制的薄弱证据不可能压倒证明我们生命有限性的大量有力证据。要记住灵媒每天都会有上百万份报告。单凭运气，其中有些也会让人觉得不可思议。但要认为这些"通灵"案例的单个证据比我们所知证明生命有限性的证据更有力就无异于愚蠢了。

在撰写这一节时，我有一种强烈的感觉，觉得我的论说在面对人们对逝后之世的强烈渴望或信仰时会苍白无力。这就使我们重新回到证据的缺席和缺席的证据的问题。正如强迫症患者不管回去检查多少次房门，仍无法确定他们是否锁了门一样，相信可能存在逝后之世的人也无法完全相信这种可能性会被完全排除，不管他们检视了多少次相关证据。总是存在这样的逻辑可能性：证明生命永恒的有力的、可检验的"决定性的证据"（killer evidence）会出现。这种永恒的可能性支撑着那些相信逝 21
后之世的人的希望和信仰。

问题是很多信仰都有这种永恒的可能性。例如，你明天就可能发现自己一生都生活在一台虚拟现实机器中；发现外星人在过去的几百年中一直筹划侵略地球；发现教皇原来是机器人；发现阿波罗计划从来没有实现登月，整个登陆是在录影棚里拍摄的；发现福音派基督徒原来一直是对的，审判日已经到来。这些事情可能是真实的，但这种可能性并非相信它们的理由。

事实上，我们目前所获得的证据都强烈表明它们不是真实的，这一点反而是我们不相信它们的理由。

这就是为什么认为无神论者的信仰有些过分的说法是没有道理的。人们说，由于无神论者不可能确定人死后没有生命，那么他们不相信逝后之世就是愚蠢的。他们最多也应该是搁置信仰，持不可知的态度。（有一点很有意思，很多认为无神论者应该转为不可知论者的人本身是宗教信仰者。如果他们的看法一致的话，难道他们自己不应该也是不可知论者吗？）

但这种看法是不负责任的，因为如果对此持一贯的态度，你就会对所有可能不真实的事情都持不可知论，因为并不存在绝对的确定性，总有可能出现证据证明你是错的。但谁会认真地认为我们应该说“我既不相信教皇是机器人，也非不相信”，或者“我完全不知道自己吃了这块巧克力后会不会变成大象”。由于没有任何理由去相信这些奇怪的说法，所以正确的做法是不相信它们，不保留判断。

无神论和教条主义

我认为很多宣称无神论者应该成为不可知论者的人犯了错误，他们把我之后会谈到的“坚定的信仰”（firmly held belief）与教条主义混淆了。这两者的根本差异在于“可取消性”这一术语。如果信仰或真值判断被证明为不正确的可能性存在，那么我们就说它们是可取消的。因此，不可取消的信仰或真值判断不存在被证明为假的可能性。

清楚地区分可取消和不可取消是一个恼人的哲学问题。在传统上，所谓的分析性真理，如“1+1=2”和“所有的单身汉都没有结婚”等仅凭语义就知为真的命题，被认为是不可取消的，而那些有关自然世界的事实性判断则被认为是可取消的。也就是说，太阳明天不再升起是有可能的，虽然可能性比较小（所以，认为太阳明天会升起的信念就是可取消的），但没有什么事会使1+1不等于2（所以，认为1+1等于2的信念是不可取消的）。然而，有几位哲学家，著名的有奎因，认为即便是数学真理也是可取消的。我们不能排除这样的可能性：我们也许会找到理由说1+1不总是等于2。

幸运的是，我们不必进入这样的哲学深水区。我们只需借鉴可取消性的概念来说明教条主义与坚定信仰之间的差异。教条主义的基本形态是，认为自己的信仰是不可取消的，而排除这种信仰出现错误的可能性的做法又是没有道理的。因此，教条主义的无神论者会认为上帝不存在，且这种信仰不可能是错误的。同样，教条主义的有神论者会认为上帝存在，且这种信仰不可能是错误的。可以公平地说，这些教条主义者的信念都不太合理，因为他们都不可能如此确定自己是正确的。

但这不意味着他们应该成为不可知论者。这只意味着他们的信仰应该容许可取消性：他们只需要承认他们可能是错的即可。这不是不可知论。事实上，一个人可以很坚定地维护自己的信仰，同时又承认这种信仰的可取消性。例如，一个无神论者会说除了成为无神论者之外，其他信仰都没有什么道理，还会说他无法想见有什么情况会使自己放弃无神论的信仰，即便如此，只要他承认他有可能是错误的，他也不是教条主义者。当然，除非一个人诚恳地承认这种可能性，而非做做样子，否则也不能真的说他是非教条主义者。但只要有这种诚恳在，一个人就没有理由不可以有坚定的无神论信仰，由此他就在无根据的不可知论和教条主义之间选择了一条中间道路。

为什么这条中间道路经常会被忽视呢？我认为这在一定程度上是一种集体谬见，其源头可以追溯到很多哲学家，如柏拉图，他们认为知识要么绝对确定，要么就不是知识。我们倾向于认为，仅仅是引入怀疑的余地就足够让我们暂时停止自己的信仰。如果不确定，就不要有观点。但我们不能遵从这条准则。也许除了我们自己的存在外，我们对任何事都无法绝对确定（即便是对我们自己的存在，我们也要在自己意识到的时候才能确定）。因此，如果我们没有理由去相信自己不确定的事的话，那么我们会对所有事都存疑搁置。我们从“绝对确定是虚妄的”这句箴言中学到的不应该是这一点。它不符合这个事实：我们没有理由认为自己的看法是对的，而这个观点本身也许也是错误的。

与其他人一样，我也反对教条主义无神论，就像我反对教条主义有神论一样。事实上，我个人的观点是，任何教条主义观点总体而言都要比单独的观点本身危险。知性的无神论者通常与非教条主义的有神论者更为接近，这与人们设想的可能不太一致。

最佳解释论证

到目前为止，我提出了无神论是得到经验证据有力支撑的观点，这种决定性的证据并非密不透风，只是说明我们应该抛弃教条主义思想，而非完全放弃这种观点，转向不可知论的理由。

由于这种论证对一些人来说可能太薄弱了，所以应该花些时间说明为什么这种论证事实上是最适于眼前论题的论证。为了说明这一点，我们需要思考一下我们怎样进行事实推理。

我们进行事实推理的主要方法被称为归纳法。这种方法是，我们由过去或现在观察到的东西推知过去、现在和将来未被观察到的东西，得出相应结论。这种论证的前提是自然的统一性，即自然规律不会突然停止或变化。应该注意到，这并不等同于说自然总是可预测的。这是一个愚蠢的论断，很多自然事件具有极大的不可预测性，但这些不可预测的表象都没有打破自然规律。变化多端的天气并非没有原因。

我们在生活中无时无刻不在做着这种自然统一性的假设。即使你刚刚坐下，什么也没做，你放松也是建立在这样的假设之上：重力不会停止，使你无法坐下；椅子的材料不会突然变成液体；你喝的茶不会突然毒死你。但这种对原理的依赖并不受
严格逻辑的支持。从前提“在观察的过程中，事物一贯如此”， 25
无法由逻辑上得出“事物过去如此，现在如此，将来还是如此”。因此，一个孩子觉得他睡时玩具可能会活起来，但他醒时就不会，他并没犯**逻辑**错误：他醒时所观察到的事实不能提供足够的
证据，从逻辑上证明在他睡时也是如此。 26

然而，我们还是认为这个孩子错了，原因是我们发现自己完全依赖归纳论证来理解周遭的世界。无神论者可以认为，如果一贯地使用这种归纳法，那么无神论者的论点就会得到进一步证明。经验证据表明，我们生活在一个由自然规律支配的世界中，所有发生于其中的事都可用自然现象予以解释。的确有些事情还没有得到解释，但无神论者会认为当未解之事的解释最后出现时，这个解释总会是自然主义式的。经验告诉我们，得到

图3　如果信仰不能被100%地证明，这种信仰就是最高形式的信念

解释就是得到自然主义话语的说明。因此，那些未解之事不可能包含任何由超自然事物解释的东西。

归纳法因此支持无神论者的看法，因为这是一种我们大家都依赖的方法，不管我们是无神论者，还是教徒。所以，非无神论者无法排除归纳法的有效性，他们没有这个选择权。然而，一旦我们接受了归纳法，为了保持一致性，我们也就接受了它可以说明一种支持无神论的自然主义，而并不可以说明支持有神论的任何形式的超自然主义。而我们也必须忍受归纳法无法给我们绝对确定性的残酷事实，因为我们必须忍受归纳法的不确定性，才能在这个世界上生活，即便是坐下这么简单的事情也是如此。

第二种论证方法也建立在证据的基础之上，但它不要求严格的证明，且对于无神论和非无神论的争辩更为重要，这就是溯因推理法。溯因推理法还有一个更具描述性的名称“最佳解释论证”。虽然溯因论证也基于归纳原则，认为未观察到的过去、现在和未来应与已观察到的过去和现在相似，但论证的结构有所不同。从本质上看，溯因论证研究的现象或一组现象有着多个可能的解释，它试图确定这些解释当中哪个是最佳的。确定最佳解释没有什么魔法般的程式，但大致上，好的解释应该比较简单、统一，且更为全面。这样的解释还可能以某种方式进行检验，或者具有某种预测能力。

这种论证没有决定性：最不可能的解释却总是有可能是真正正确的解释。但像归纳法一样，溯因推理也是我们离不开的。它无法保证我们得到正确的结论，但这是我们不得不忍受的事实。

当我们论及宇宙的本质和超自然的存在问题时，我觉得很明显我们必须依赖溯因论证。原因很简单，宇宙表象可以有很多解释，由于这些解释彼此矛盾，所以它们不可能都是正确的。假定这种或那种解释能够证明为真有点一厢情愿。借用德里达的说法，“如果事情是简单的，那么人们会知道的”。我们能做的只是调查各种可能的选项，然后确定哪一种解释最符合事实。

关于世界表象有各种各样的解释，而说明这些解释各自的优点超出了这部通识读本的范围。我这里能做的只是向读者说明为什么无神论的世界观符合最佳解释。

第一，这是一种简单的解释，因为它只需要我们假设自然世界的存在。其他解释还需要我们假设未经观察到的超自然世界的存在。这个额外的维度不仅在形而上学上是多余的，也会使得超自然的论断比自然主义的论断更难检验，因为超自然世界
28 按其定义就是不可观察到的。的确有人认为自己既相信宗教，又相信自然主义，但我无法确定这样的人在何种程度上与无神论者真的有所不同。

无神论者的自然主义世界观也更加统一，因为它把宇宙中的所有事物都归于一种有关存在的设计中。那些假设存在超自然王国的人不得不对这个王国如何与自然王国相互作用、共存做出解释。比起无神论的统一观点，这样一种观点在本质上更为碎片化。

在存在着不同宗教信仰的问题上，无神论也更具解释力。全世界不同宗教的信徒对上帝和宇宙有不同的信仰，对这一事实的最佳解释是，宗教是人类建构的产物，没有任何形而上学的实体与之对应。另外一种解释是，虽然许多宗教共存，但只有一个（或一些）是正确的。说不同宗教是通向相同真理的不同道路也无济于事：我们不得不接受的事实是各个宗教明显有矛盾之处，如果我们仅关注所有宗教的共同点，那么我们似乎就没有什么东西可谈。印度教徒和基督徒崇拜的不是同一个上帝，尤其是因为印度教徒不相信唯一神。基督徒和穆斯林有着根本的

区别，前者把基督看作救世主，而后者不这么认为。鉴于基督对于基督教信仰的中心作用，这就需要对教义进行各种牵强附会，才能说伊斯兰教和基督教都是正确的。

我们可以用具体问题进行这种最佳解释的比较。哪一种观点能更好地解释世界上邪恶的存在？你可以选择无神论的假设，作为进化的生物，我们不会预期这个世界是完美的所在；或者选择宗教解释，但它需要很多的复杂推理，才能弥合是慈爱的上帝创造了宇宙，与在上帝的创造中却有着种种不公和遭际之间的差距。

哪一种观点能更好地解释意识与大脑活动之间的相关性？你可以选择无神论的假设，意识是大脑活动的产物；也可以选择一个不太可能的说法，非物质性的、思考着的灵魂与大脑共存，通过某种方式与大脑发生相互作用，更进一步，意识对大脑活动的依赖在人去世时奇迹般地消失了，灵魂可以不附着于肉体而存在。

哪一种观点能更好地解释性冲动的力量？你可以选择无神论的假设，性冲动进化出来，是因为它提高了基因或有机体存活的可能性；也可以选择这个假设，上帝有让我们更容易陷入罪的奇怪想法，于是他让我们好色。

我认为，一个又一个问题说明对世界本来面目和表象的更好解释是，世界是一种自然现象。虽然这样的解释可能并不完备，但那些引入超自然因素的解释更不可信，有时近乎荒谬。鉴于最佳解释论证是有关我们这个世界本质的最恰当的论证方式（正如我所断言的那样），上面的论述因此加强了无神论的观点。

无神论是一种信念吗？

人们经常会说无神论与宗教信仰没什么两样，也是一种信念，我们现在可以拒斥这个观点了。这是个有意思的说法，因为如果无神论与宗教信仰“没什么两样”，是一种信念，那么宗教人士就不能因无神论的信仰而批评无神论者。事实上，宗教人士应该对这种辩驳思路提出质疑：如果他们自己的信仰以及其他相矛盾的信仰都只是信念，那么我们所得到的难道不是一种相对主义吗？我们没有理由去确定任何信仰体系的真或假，相反，这只是一个你相信“什么最适合自己”的问题。

30 因为基督徒经常提及的一段经文说“我就是道路，真理，生命。若不借着我，没有人能到父那里去”（《约翰福音》14：6），这一点也就尤为怪异。耶稣似乎没有说“我为众路之一，众理之一，众生之一。任何一条路均能到父那里去”，他似乎也没以“但这只是我所相信的，你的信念也许不同”结尾。

不过，我们可以把这些问题放到一边，因为事实是，无神论根本不是一种信念。要知道原因，我们需要了解什么样的问题是信念问题，而非理性问题。

当人们说无神论是一种信念时，他们想要表达的观点是，由于无神论没有证明，那么就需要某种额外的东西，即信念，来说明持无神论的理由。但这只是误解了证明在论证信仰中的作用。我们并不总是需要信念来弥合证明和信仰之间的差距。

问题的关键正是我们整个讨论中所强调的事实，即对于大多数信仰而言都不存在绝对的证明，但缺少这样的证明并非放弃信仰的理由。这是因为，当我们缺少绝对证明的时候，我们仍可以获得占优势的证据，或明显占优势的解释。当一种信仰有这样的根据时，我们无需信念。我相信饮用干净、新鲜的水对我有好处，但支持这个信仰的不是信念，而是证据。告诉我从高楼的窗户跳下去不是一个好主意的，不是信念，而是经验。

如果说因为坚守任何未经严格证实的信仰或行为都需要信念，所以我们就要说此类事例中涉及信念的话，那么我们事实上是让信念失去了它的典型属性。如果这就是信念，那么我们就无法把信念问题和其他信仰区分开。所有的事情都成了信念问题，也许仅仅除了那些不证自明的真理，如1+1=2。

有些人可能会对此表示欢迎。然而，除了使信念失去其特殊含义，这种方法还引入了一个新问题。它必须容许信念具有等级性，因为很明显，相信水具有解渴功能所需的信念要少于相信基督具有医治能力所需的信念。但回到无神论者的问题，说他们的信仰也不过是“信念问题”就成了空洞的反驳。如果所有事情都是信念问题，那么这就是微不足道的事实。要使之重要起来，就必须向我们说明无神论者的信仰所需信念**至少**与教徒所需**一样多**。但这种事情无法说明。这是因为无神论者的立场建立在证据和最佳解释论证的基础上。无神论者相信他们认为有道理的东西，不相信超自然实体，因为几乎没什么理由去相信，仅有的几个论据也十分薄弱。如果这是一种信念，那么其所需信念的量也是极少的。

与超自然的信仰者相对照，我们可以看到什么是真正的信念问题。超自然的信仰是一种对缺乏有力证据的东西的信仰。事实上，有时这是一种对违背已有证据的东西的信仰。例如，相信逝后之世违背了说明人终有一死的大量证据。

上述讨论说明了信念与普通信仰的真正差异之处。这与证明无关，而与是怎样的信仰有关，有的信仰与证据、经验或逻辑相一致，而有的缺乏证据、经验或逻辑，或者与之相违背。无神论不是信念问题，因为它相信的东西都有证据和论证支持；宗教信仰是信念问题，因为它相信的东西超出了证据或论证的范围。这就是为什么信念需要某种“特殊的”东西，而普通的信仰不需要。

对信念的这种理解与两个著名的有关信念的基督教寓言相吻合，这就是亚伯拉罕的故事和多疑的多马的故事。多马是耶
32 稣的门徒，人们都知道他拒绝相信耶稣死而复生，而有一些耶稣的跟随者相信这一点。请注意，他对于耶稣之死没有信念问题，他是对耶稣死而复生缺乏信念。这种不对称性是因为对于所有证据都指向的东西，无需信念去支持，而对那些违背经验和证据的东西，的确需要信念。当多马看到了耶稣，把手放到耶稣伤口上时，他才开始相信。这个故事的寓意是“那没有看见就信的有福了”（《约翰福音》20：29）。因此，基督教拥护这个原则，即相信自己没有证据去相信的东西是好的。这个准则对一个没有充分证据的信仰体系来说相当便利。

亚伯拉罕被要求将自己的独子作为牺牲献给上帝，以考验他的信念。在克尔凯郭尔对这个故事富有洞察力的分析中，牺牲独子成为重要的信念考验的原因并不在于如此的杀戮。毕竟，如果上帝需要，那这就一定是一件好事；如果你真的相信，那你就会知道你和你的孩子从长远来看是安全的。相反，这成为信念的考验是因为这件事与亚伯拉罕对上帝、道德和善的所有了解都相悖。理性和经验都指出上帝不会要求这种活人献祭，

但他又似乎的确这么做了。是亚伯拉罕受骗了？还是上帝想用不同的方式考验他？他是否应该不听从这个命令，以表现他的善良？或者，这不是上帝的旨意，而是来自魔鬼？亚伯拉罕需要信念才能下手，因为他要做的事情违反了理性。

因此，无神论与宗教信仰颇为不同。只有宗教信仰需要信念，因为只有宗教信仰假定我们没有有力证据证明的实体存在。认为由于无神论思想也“无法被证明”或“不确定”，所以它也需要信念，这是一种明显的错误。信念不是弥补理性和确定性证据之间的差距的东西。相反，信念的作用是支撑那些缺少一般证据或论证的信仰。也正是出于这个原因，信念并没有通常的信仰那么简单，这是传统的宗教文本告诉我们的。或者说，也 33
正是出于这个原因，信念是愚蠢的，这是无神论者的看法。

你来押注

宗教信仰最有意思的论据之一是帕斯卡赌注。这个赌注首先假定我们无法确定上帝是否存在。最后的结论是，由于这种不确定性，我们最好相信上帝存在，因为不相信的风险（永恒的诅咒）要比信的风险（只是浪费一些时间）大得多；而相信上帝存在的报偿（不朽的生命）要比不信的报偿（更多生活乐趣）大得多。

这个赌注有出老千的意味，因为它没有考虑不同结果的概率问题。多数无神论者会认为存在上帝，我们不崇拜他，他就罚我们下地狱的概率极小，因此把赌注压在上帝身上不值得。不过也许更大的问题是，世界上有如此多的宗教，这个赌注无法告诉我们去押哪一个宗教。事实上，相较于根本不崇拜上帝的人，上帝难道不是会对那些崇拜错了的人更加气愤吗？

让我们重新下帕斯卡赌注，看看赌徒到底应该怎么做。首先的问题是，我们要承认善的、全知的、慈爱的上帝有存在的可能性。有了这种可能性，我们应该怎么做？可以确定的是，对于这样一种存在，最重要的一定是善。如果死后会有遴选，那么选择的标准一定是美德。所以，最佳的赌法是去行善积德。这样的上帝似乎不太可能把人们罚下地狱：毕竟，我们知道多数品行不端的人都是心理遭受创伤的个体，通常都有不幸的童年。把他们罚下地狱似乎太过残忍——慈爱的上帝一定会改造他们。而正如刑罚改革家们一直指出的，改造的最好方式不是折磨。
34 所以，我们对地狱的恐惧应该比较小。

崇拜呢？至高的存在会要求我们芸芸众生去崇拜他，这也的确显得奇怪。毕竟，上帝不会不自信，不是吗？由于存在这么多不同的宗教，我们很难做出有根据的选择，很难找到最好的方式去崇拜。

对上帝的信仰呢？如果上帝存在，那么是他给了我们智慧。如果我们用这种智慧去思考，得到的结论是他不存在，那么他反过来再斥责我们，这就有点好笑了。我们可以不无道理地哀求："上帝，我用你给我的恩赐，尝试弄明白什么是最好的。我得出结论，认为你不存在。你一定不会因为我用你给我的这点智力，做出了最大的理解努力，而惩罚我吧。"

所以，如果上帝存在，最可能的情况是他最关心我们的善；如果我们作恶，他会帮我们改正；如果我们不崇拜他或者不信仰他，他也会宽宏大量，不会真的放在心上。所以，如果我们的赌注下在了上帝存在的反面，那么我们也会安然无事，其余并不重要。无论是无神论者、不可知论者，还是宗教信徒，我们很难弄明白为什么全能的神会偏向某一方，而如果我们选择了某一具体的宗教教义，我们就冒了犯大错的风险。因此，这个赌注的结论差不多就是E.T.法则："从善"。无神论者正走在这条道路上，我们下一章会讨论到。

结语

要看到无神论论据的效力，就有必要非常仔细地思考经验论证和最佳解释论证的本质，以及信念和一般信仰的差别。一旦这些事情澄清，问题就可以得到简单的概括。无神论的观点得到了证据的有力证明，为世界的本来面目和表象提供了最好的整体解释。相较于信念，无神论不需要我们去相信任何超越理性或证据的东西，也不需要我们去相信任何与它们相违背的东西。我们不能100%确定无神论就是对的，但这一事实只是说明我们不应该对自己的信仰持教条主义态度。这不是持不可知论的理由，也不能说明无神论与宗教信仰一样，是一种信念。

我猜此时还有两个重要的问题萦绕在宗教信徒心头。虽然我讨论了最佳解释和证据的问题，人们可能还是会认为无神论有两个重要问题完全没有得到解释。一是道德问题。如果无神论是正确的，那么何谓对错？第二个问题有关意义或目的。无神论可能有很强的解释力，但它肯定不能解释人生的意义和目的是什么。如果这一点得不到解释，那么无神论就不会是有关人类境况的最佳解释。我会在下面两章讨论这两个问题。现在，我只想指出，即使无神论的确意味着伦理的终结，的确意味着人生没有任何目的，这也不是反对无神论的理由。可能事实仅仅是，对这个世界最真诚、最真实的描述表明道德和生命的意义不过是我们一厢情愿的想法。幸运的是，事实并非如此，我们之后会讨论到。不过，要把这些问题弄清楚，我们至少要承认在我们希望真实的东西和真正真实的东西之间可能存在着
36 差距。

第三章

无神论伦理

法则和法则制定者

陀思妥耶夫斯基笔下的伊万·卡拉马佐夫可能说过"没有上帝，可行任何事"，但我想他肯定没有在星期六下午在伦敦市中心停过车。

本章要讨论的就是这个笑话背后的事实，这有关道德准则的权威性，以及需要神性权威维护道德准则的看法。我会论证伊万·卡拉马佐夫的说法要么错了，要么就不是在谈论伦理。不仅没有上帝，道德也是可能的，而且事实上道德完全独立于上帝。这意味着，无神论者不仅可以过道德的生活，他们的生活甚至可能比宗教信徒更为道德，后者混淆了神性法则同惩罚与事情的对错。这些结论与大众接受的观点不一致，但对这些结论的论证是清楚明白的。

首先，我们要思考为什么这么多人认为上帝的存在对于道德是必要的。这种必要性的一种表现是，要使道德法则存在，就

必须有某种法则制定者，以及最终的裁定者。我们可以对照人类社会中的法律，它需要立法机构制定（通常是议会），需要司
37 法机构维护。如果没有这两种机构（在道德问题上它们都体现为上帝），就不可能有法律。

这种论证的问题是，它混淆了两件不同的事：法律和道德。法律当然需要立法和司法机构。但这两者的存在并不能保证颁布和执行的法律是正义的好法律。法律可能是道德的，也可能是不道德的。正义的法律需要的是立法和司法机构按照道德的界限行事。因此，道德与法律是相互独立的。正是基于道德，才有了正义法律的颁布和执行；这一点法律自身并不能达到。

那么这种道德从哪里来呢？我们可能会说，道德法则有其自身的制定者和裁判者。但我们可以用有关法律的同样问题来考察道德法则：什么东西保证了道德法则的确道德？道德法则一定是道德的，因为道德法则的颁布者和执行者在道德的界限内行事。但这就使道德已经先于道德制定者或裁判者而存在了。换句话说，唯一能说明道德法则制定者遵奉道德的是，他们的法则符合一种独立于该道德法则制定者的道德标准。所以，如果制定者是上帝，那么上帝的法则只有在符合独立于上帝的道德准则时才会是道德的。

柏拉图在对话《欧绪弗洛篇》中极为清楚地说明了这一点，下面我们讲的思想困境就由此得名。柏拉图笔下的主人公苏格拉底提出了这个问题，是上帝因善之为善而择善，还是善之为善是因上帝择之？如果前面的说法是正确的，这就说明善独立于诸神（或者用单一神论的说法，上帝）。善就是善，这正是慈善的上帝总是选择它的原因。但如果第二种说法是正确的，这

就会使何为善的概念变得令人捉摸不定。如果上帝的选择本身就能使某事为善，那么有什么可以阻止上帝选择折磨，从而使折磨成为善的东西呢？这当然有些荒谬，但它之所以荒谬是因为 38
我们相信折磨是错的，**这正是**上帝从不选择它的原因。认知到这一点，也就是认识到我们不需要上帝来裁定什么是对，什么是错。折磨是错的，**并非仅仅因为**上帝没有选它。

依我看来，对道德需要上帝的看法，欧绪弗洛困境是一个极有力的反证。事实上，它的含义更为深刻，它说明如果道德不是某种任意的东西，上帝就不可能是道德之源。也出现了一些解决这个困境的尝试，但就像水管里的气泡一样，在一点上解决了问题，只会使问题出现在其他地方。例如，有人认为摆脱这个困境的方法是说上帝本身就是善的，所以这个困境所提出的问题不恰当。如果上帝与善是同一回事，那么我们就不能问这个问题：上帝是否因善之为善而择善，这个问题把两个本是同一的事物给分开了。

但欧绪弗洛困境可以重新表述，来回应上述辩辞。我们可以问这个问题：上帝之善是因为善就是上帝之所为，还是因为上帝有善的全部特征？如果我们选择前一个答案，我就再一次看到善是任意的，因为它可以是上帝所呈现的任何样子，即便上帝是一个虐待狂，也是如此。所以，我们必须选择第二个答案：上帝之善是因为上帝有善的全部特征。但这就意味着善的特征可以独立于上帝，所以善的概念根本不取决于上帝的存在。因此，认为否定上帝的存在必然意味着否定善的存在是没有道理的。

因此，对错、善恶不取决于上帝的存在。事实上，要保证上帝本善的看法具有道德的力量，善的概念就必须独立于上帝。

39 否则，对错之间的分别就是任意的。

那么我们如何解释被大众所认同的看法“没有上帝，可行任何事”呢？我认为这一点可以追溯至一种对道德的不恰当认识，这与之前概述的法律的例子相一致。我们的宗教遗产给了我们一种道德观念：道德是一套规则，我们必须遵守才能（最终）获得报偿，我们不去僭越才能避免惩罚。不管主日学校对美德本身的好处都讲了些什么，惩罚的危险比报偿的希望更能对人的心理发挥作用，使他们控制自己的低级本能。相信上帝一直在盯着你，会对你的错误举动做出惩罚，这是一种防止人们做违背教会说教之事的好方法。

然而，除却这些惩罚的威胁，什么会防止你做坏事呢？没有上帝，可行任何事，这只是意味着没有神性权威保证错误举动会受到惩罚。但这并非道德的目的，也非文明行为的目的。我在本章开头讲的停车的笑话说明人类可以像诸神一样制定并执行禁止性规定。可行任何事，这只在我们陷入无政府状态时才会出现。不会有人仅仅因为他们不信上帝，就想这么做。

更深入地看，认为人只能出于对惩罚的惧怕或者出于对报偿的渴望才会做出道德的行为，这种道德着实奇怪。因为害怕被抓而不敢偷盗的人不是道德的人，他只是谨慎的人而已。真正道德的人是有去偷盗而不会被抓的机会，也不这么做的人。

我前面说过，道德和宗教信仰是相互独立的。如果我是正确的，那么道德的普通无神论者事实上比道德的普通宗教信徒
40 要更具道德优势。原因是，宗教总是包含惩罚的威胁和报偿的希望，这是一种非道德的刺激，以使人们秉持道德；这一点在无神论中不存在。

人们认识到无神论的道德有一个问题，那就是单个人似乎有个人选择的自由。如果不存在单一的道德权威，那么我们是不是都成了自己道德领地里的君主呢？很多人对此表示担忧，但事实上，个人选择是道德中不可避免的一部分，不管人们信不信上帝都是如此。

道德与选择

我已经提到克尔凯郭尔在《恐惧与战栗》中对信念的分析，这部书也对个人选择的不可避免性做了深入的探讨。正是这部书对该主题的探讨为克尔凯郭尔赢得了“存在主义之父”的美誉。存在主义思想家是颇为复杂的一批人，包括基督徒、无神论者、共产主义者、法西斯分子、自由思想家，以及几乎所有居于他们中间的人。把他们统一在一起的是对个人选择和人类生活自由的不可避免性和中心性的信仰。他们的观点是，一个人总是在做出选择，即使假装自己没在选择时也是如此，这些选择本身带来了责任。例如，我可能会让别人为我选择，从而避免自己做出选择。但这并不意味着我没有做选择，这只是说明我的选择从直接与我最后的行为相关，转为与做出选择的方法相关。我不能对我后续的行为逃避责任，即就算选择了听从别人的意见，我也要对此负责，正如我在没有这个意见的情况下自己做出了选择一样。毕竟，我总是可以选择接受或不接受别人为我做的选择。

克尔凯郭尔对亚伯拉罕故事的重述说明了这一点。上帝要求亚伯拉罕把自己的独子以撒作为牺牲。从道德由神主宰的模型（即道德准则直接来自上帝）来看，亚伯拉罕似乎没有选择： 41

他必须服从。但如果他直接走上前，不假思索地杀死自己的儿子，就不能充分展现他的信念与良善。亚伯拉罕至少要做出两个选择。第一个是认识论上的选择：他必须判断出他接到的命令是不是真实的。人如何能确定表面上来自上帝的教导真的来自上帝，而不是来自内心的声音，甚至是来自魔鬼呢？问题是没有什么证据或逻辑能够完全解决这个问题。当天晚上，亚伯拉罕必须定下来他是否相信这个命令。这是他要做的选择。

第二个选择是道德上的：他应该接受这个命令吗？在伍迪·艾伦的短篇故事中，亚伯拉罕认为这个问题的答案显而易见："怀疑圣父的旨意是一个人能做的最坏的事之一。"然而，当他上前拿自己的儿子献祭时，上帝暴怒了，责怪亚伯拉罕把自己的玩笑话当真。亚伯拉罕辩解道，他愿意献出自己的儿子说明他爱上帝。上帝回答道，这唯一能说明的是"有的人会接受任何指令，不管这个指令有多么愚蠢，只要它来自一个洪亮悦耳之声"。

艾伦的故事是对克尔凯郭尔对这个《圣经》故事哲学解读的戏仿，两者展现出很多相同之处。最让人印象深刻的观点是，亚伯拉罕无法仅凭服从旨意就逃避自己的道德责任。我们应该注意这一点，因为如果做坏事的指令来自某个权威人士，人们总是倾向于照做，这个可怕的倾向在20世纪尤为明显。亚伯拉罕选择了遵从命令，这不是简单地选择接受或拒绝上帝的权威。这是一个道德选择，以判断上帝要求他做的事是对，还是错。毕竟，无论上帝说了什么（假设上帝的确给出了命令），就一股脑去做肯定不太对。如果上帝要你把一个人一寸一寸地浸到酸液中，使其在极大的痛苦中缓慢死去，这也是对的吗？当然不对。

宗教信徒确信上帝不会有这种要求（但在《旧约》中，上帝的确给出旨意，要求干几桩相当血腥的事）。但这里的关键不是上 42 帝可能会让人们做这样的事，而是这个假设的情况说明服从或拒绝别人给你的命令，甚至是上帝给你的命令，都取决于个人选择，要负道德责任。

因此，无神论者和宗教信徒处在同一条船中。他们都无法逃避选择，都要确定遵守什么道德价值，并为之承担责任。不过无神论者具有优势，因为他们对这一点有更清晰的认识。宗教信徒可能会轻易地认为他们可以逃避选择，只要听从神职人员（通常是男性）和经文的建议即可。但由于采取这种态度可能会导致自杀式炸弹袭击、偏见和其他道德问题，因此明显这不会免除这个人的道德责任。所以，虽然个体本身做出道德选择的看法对于那些习惯于认为道德来自单一权威的人来说不可忍受，但我们每个人都无法避免做出这类选择。

道德之源

到目前为止，我论述了宗教与道德是分立的，即使你仍然认为上帝是道德指引的主要来源，这也不意味着你可以不用选择接受哪些道德准则。不过如果我们要令人信服地说明无神论道德是可能的，我们就要更进一步。只说明宗教不是道德之源是不够的，我们还要说明什么可能是道德之源。只说明我们必须自己做道德选择是不够的，我们还要说明这样的选择具有道德的力量。

但道德之源的问题并没有简单的答案。看看这个奇怪的问题“我们为什么应该有道德？”，我们就可以了解说明道德之

43 源的难处。这个问题有两种答案。我们可以给出一种非道德的答案。比如，我们可以说你应该有道德，因为你有道德就会更幸福，或者因为你不道德，上帝就会惩罚你。我们可以把这些称为道德的审慎原因。问题是，真心认同这些原因似乎会颠覆道德，而不是支持道德。因为按道德行事最符合自己的利益才这样做，似乎完全不是道德的行为。道德意味着按他人和自己的最佳利益行事。

然而，如果我们给出一种道德的答案，如“要有道德，因为这是你应该做的”，我们就会遇到说理中的循环论证问题。由于这个问题是我们到底为什么要有道德，因此我们就不能把道德原因作为答案的一部分，因为那只是回避了问题。我们只有已经相信道德有好处，才能对行为给出道德原因。

这样我们就面临一个困境。如果我们想知道我们为什么应该有道德，我们的答案就会要么回避问题（如果给出的是道德原因），要么破坏道德的道德（如果给出的是非道德原因）。这不仅仅是无神论者的问题。相同的逻辑适用于每个人。遵从上帝赋予我们的道德的原因本身无所谓道德或非道德，因此宗教信徒也面临着相同的问题。

不过，这个问题的存在并非反证道德。这只是一种警告，让人们不要期望真的能找到单一的道德之源，真的能找到一种让每个理性的人都认同的应该有道德的原因。我想说的是，这种源头是找不到的。这方面最有力的尝试来自康德，他想说明道德的行为是理性的要求，我们马上会讨论这一点。但不管这样的尝试多么富有创造力，我认为，它们最终都不会取得成功。

44 那么我们可以用什么来取代这种源头呢？我认为道德的根

本是一种对他人福祉的同感或关切，是对他人福祉同样重要的一种认知。对我们多数人来说，这是一种人类本能。对他人的福祉漠不关心不属于正常人的行为，而是一种我们通常所说的心理疾病的表征。其最极端的形式是精神病，精神病人对他人的内心世界毫无概念。对他人价值的认识不是一种逻辑前提，而是一种心理前提。如果我们接受这一点，那么我们就有了思考和分析伦理的起点，可以帮助我们做出更好的决定，成为更好的人。不过这个前提的真实性，对其他人也同样重要的最终确认，不是可以用逻辑来证明的。这就是休谟所说的“理性是，也只应该是激情的奴隶”。只有我们具备基本的利他冲动，道德推理才能开始。

我要简单地介绍一种不同的观点，即我们应该接受这个看法：我们要有道德的原因本身就是非道德的。根据这种观点，道德是一种开明的自利。认识到这一点的确会破坏那种道德不自利的浪漫观点，但有人会认为这个观点也没有完全破坏道德。例如，捐助慈善事业并非因为出于开明的自利就不那么道德。重要的是我们做得好。我们行为的初衷是不是自私的并不重要。

我不认同这一点，因为我觉得自利不占主导是伦理不可分割的一部分。把道德看作开明的自利最多让我们不去做反社会的事，或者不去做那些短期可能带来利益，而长期看来会付出更大代价的事。但这不是道德。道德总是包含要求一个人不按自己的利益行事的可能性。如果我从不准备牺牲某些自我利益，那么我就不认为自己真的有道德。

现在我们可以回到这部分开头所提出的问题。如果上帝

45

不是道德之源，那么什么是呢？我想说，是对他人福祉的基本关切，这种关切并不建立在理性论证的基础上，而是基于同感，或者由于没有更好的说法，可以说是基于我们共同的人性。第二个问题是，如果我们的道德选择由我们自己来决定，那么这些选择是否具有道德力量？我认为它们确有道德力量，因为如果我们认识到自己有考虑行为的道德层面的需要，那么道德就是重要的。我们可以进行选择，这个事实并不会降低道德的重要性。道德的严肃性来自我们对待他人和自己利益时秉持的严肃性。它并不产生自我们考虑这些利益时所借助的那个体系。道德的严肃性不会因道德裁决是我们的自由选择，而非来自上苍的旨意而降低。

道德思维

本章讨论的整体框架是一种存在主义的认识，即我们无法逃避为自己的选择承担责任，因此我们不得不在某种意义上为自己“创造出”价值。这里大体上都是关于元伦理的讨论，即道德的一般性质、基础和结构。不过，如果我们由此出发，考虑一下道德的具体内容，即我们应该怎样做，那么我们就需要进行一些更深入的思考。我下面简要介绍三种道德思维的一般方法，它们在西方哲学史上都占据过主导地位。这些方法都说明对伦理的世俗讨论有多么丰富。它们说明，无神论者与宗教信徒可以平等地获得良好的道德思维的资源。

我建议，我们应该把这些观点都看作在进行道德思维时可以加以利用的资源，而不是相互争竞的观点。当然，“杂合”的方法有着严重的局限。最为明显的是，关于道德问题的一种思维方法可能会得出与另外一种方法完全相反的结论。不过，这些方法都为我们提供了道德思维的路径，至少可以帮助我们更好地思考重点是什么。我们不应该认为这些方法是小小的道德算式，能够用来对任意道德困境生成恰当答案。

哲学中的多数基础伦理课程都会区分亚里士多德伦理、康德伦理和功利主义伦理。然而，由于我认为这三种方法都是我们可以利用的资源，不应该把它们看作封闭的对立理论，所以我会重点介绍每种方法的独有属性，而不是把它们各自当作完整的理论来说明。这样，我们就更容易体会到为什么有可能同时利用这三种方法，而不会失去认识上的完整性。这三个特点分别是，强调人类繁荣，强调结果以及道德法则的普遍形式。

人类繁荣

如果你浏览一下亚里士多德道德哲学的伟大著作《尼各马可伦理学》，你可能会发现有些东西对于现代人来说相当奇怪。亚里士多德一度问了这样的问题：一个人应该有多少个朋友才是对的，与坏人交朋友是否可能。但朋友多少怎么会是伦理学的关注点呢？

认识到这一点，你就会知道古希腊的伦理观与某些现代的大众伦理观的不同之处。我们倾向于从禁止和义务的角度看待道德。有些事情我们应该做，有些我们不应该做，过有道德的生活就必须遵守这些规则。我们更宏大的生命目标，如成功、幸福或者找到完美的比萨饼，都必须在这些限制条件下去追求。

这种现代观念呈现出的生活观念是个人追求幸福生活，而他会遵守道德法则。这种区分在亚里士多德的伦理学中并不存在，在其他很多古希腊思想家的伦理学中也没有。对于他们来说，伦理完全是人类过幸福生活或者“繁荣”的必备条件。我们现在当作道德法则的东西建立在这样的认识之上：如果我们要生活顺利，那么遵守这些准则就是必须的。

由于这样认识伦理学，亚里士多德所开出的建议明细单上就既包含了一些我们认为显然是伦理的内容，也包含了一些我们认为不是伦理的内容。因此，一个好人，即生活顺利的人，应该审慎，挚友的圈子不能太大，有勇气，充满正义感，花钱明智，和蔼而睿智。

亚里士多德的核心观点是，要过这样的生活，就必须培养出某些性格品质。他认为我们是习惯的动物，保证我们良好行为的最好方法是练习做好事，这样，我们之后就会不假思索地去做好事。所以道德教育就是要培养良好的习惯，而只有当我们成熟老练时才可以进行道德思考。

一个重要的问题是，亚里士多德伦理学是否忽略了道德和自利之间的区分，或者是否表明了这种区分是虚幻的。有人认为只要是为了我们的生命繁荣而做了真正必要的事，那么我们也就总是正确地对待了他人，这种看法固然不错，但可能太过乐观。毕竟，我们要记住亚里士多德代表的是男性奴隶主阶级，他们不会考虑下层民众的利益。亚里士多德不必绞尽脑汁去考虑奴隶争取生命繁荣的能力：他完全忽视了奴隶。所以，我们至少有理由担心，亚里士多德的方法只满足了某些人，而非全体的利益。因此，这不是一种真正的道德。

然而，我们可以欣然地观察用亚里士多德的方法可以走多远。仅仅是思考幸福的生活需要什么，我们就已经得到了一幅生活中充满美德的画卷，几乎所有方面都极为道德。贪婪、愤怒、斤斤计较、蝇头微利等都不会成为亚里士多德笔下繁荣人生的一部分。为了过上幸福的生活，你无法忍受落入这些破坏性力量的控制之中。

这就是道德思维的第一步。忘记所有超验的规则制定者或道德的神性之源。只思考人类的幸福生活需要什么，你很快就会发现多数被我们称为道德的东西出现了。

不过，如果这就是道德的全部，我们未免会有些担忧。毕竟，似乎那些卑鄙的人也会过上幸福的生活。很多人想说事实并非如此，卑鄙的人不会真的幸福或满足，尽管表面上可以。我自己真心希望这个看法是对的，但觉得不太可信。如果自利与幸福生活总能契合，生活就会非常轻松。但我认为它们不会总是契合，因此要建构可信的道德，我们需要借鉴其他方式思考道德。

结果

很显然，行为会有结果。而这些结果可好可坏，即可能使事情更好或更坏。也许，仅仅是认识到这一点，就足够使我们得到某种形式的道德了。

举一个简单的例子，如果我无缘无故踢了一个人，使他疼痛，这个疼痛就是坏事，无法用任何好事弥补，因为踢人没有任何原因。认识到造成这样的疼痛是坏事就使我有理由不去踢他了。

很明显，如果这样开始思考问题，我们就得到了一种道德基础，这种基础通常被称为结果主义。我们有理由不去做会有坏

图4　你只需认识到这样的痛苦是坏事,就开始体会伦理是什么了

结果的事，我们有理由去做会有好结果的事，这只是因为我们认识到好事情发生要比坏事情发生更好。

但只要我们开始尝试在这种有点陈腐的道理上建立完整的道德理论，我们马上就会遇到困难。不过，我认为这些随之而来的困难绝不是对我们上述简单认识的质疑，这种认识使我们开始沿这个方向去思考。比如，有一种困难是关于行为动机的地位问题。

如果我们开始思考为什么一件事有坏结果就是不去做这件事的理由，我们马上就会遇到难题。这是怎样一种理由呢？是表达简单事实的理由？“疼痛是坏事”与“铅比水重”是同一种类的事实吗？很多哲学家认为不是。“铅比水重”是由物理科学证明的简单的、无可争辩的真理。说这句话是正确的，我们只不过是在描述这个世界而已。但当我们说“疼痛是坏事”时，我们似乎不仅仅是在描述世界，我们还在对这个世界做出评价。如果仅仅是描述世界，我们可以说“疼痛让人觉得不快”或者“疼痛是活物尽量避免的”，但我们一旦说它是坏的，就超越了事实，做出了价值判断。

如果这个思路是正确的，那么任何基于“疼痛是坏事”的道德论断都不仅仅是对世界真相的描述，而是对世界做价值判断。这意味着道德论断的对错与事实性论断的对错有着不同的含义。因为道德论断是一种判断，人与人总是可能有不同的看法，却不影响事实的对错，所以如果我说疼痛并非坏事，你可能不同意我的看法，但你不能说我犯了事实性错误。 51

这个问题之所以重要有各种各样的哲学原因。但事实上，我觉得这个问题一点都不重要。要按大致结果主义的伦理思维去思考，我们只需接受疼痛是坏事即可。现在有意思的问题是，“疼痛是坏事”是事实，还是判断。但只要我们一致同意疼痛是坏事，这个问题实际上不需要回答。

但对不接受疼痛是坏事的人来说又会如何呢？让我们假设这种不同意见并非来自技术细节（换句话说，他们拒绝认同疼痛是坏事，是因为他们相信如果认同就会带来某些他们不愿做的哲学承诺）。在这种情况下，我认为我们不必因为自己的道德观点没有获得100%的认同而担忧。正如我已经谈到的，道德最后需要的是个人的付出和对责任的承担。在某些不同寻常的情形下，我们可能遇到理性论证进行不下去的情况，会面对完全不同的意见：我认为（不必要的）疼痛是坏事，你却不这么看。在这种情况下，我们只能站起身捍卫自己的价值观。由于我们的大多数基本价值观与绝大多数人是一致的，所以在遇到分歧时采取这种处理方法不能称作法西斯主义。

我们不想说结果主义思维没有什么大问题。事实上，我认为它有很多问题，我认为彻头彻尾的结果主义道德体系有着严重的缺陷。然而，这并不会妨碍下面的事实：只要接受坏结果为我们不去做某事提供了理由，好结果为去做某事提供了理由，我
52 们就拥有了一个非神性的道德支柱。

可普遍化原则

关于为什么造成不必要的痛苦是坏事，我们还有其他东西可以讨论，而这为另外一种有力的道德思维开启了大门。在我们的所有例子中，都很容易看到遭受不必要的痛苦是坏事。但如果这对我们来说是坏事，那么当然对其他遭受同样痛苦的生

物来说也是坏事，不是吗？如果这个看法是正确的，我们就有了另一个不去给别人造成痛苦的理由。

这是一个非常自然的思路，历史上人们对它背后的原则进行了各种各样的阐发，从孔子的金科玉律“己所不欲勿施于人”，到康德的“断言命令”，再到父母反问自己的孩子：如果每个人都这样干，会发生什么。

我们接受孔子的金科玉律之类东西的理由是什么呢？一个原因是，如果我们不接受这些规则，我们的行为可能会不一致，或者更粗略地说，我们的行为可能会很虚伪。我们思考一下康德对假言命令和断言命令的区分就能明白这么说的原因了。命令式有如下形式：“你必须做X”和“你应该做X”。一些命令只有结合某种被期望的结果或目的才会站住脚。例如，如果我想增重，可能就应该再吃一个奶油蛋糕。这里的“应该”有其意义，仅仅是因为我有增重的目的：我**应该**吃蛋糕，**仅当**我想增重时。这种命令被康德称为“假言命令”，意思是我们总是要给出某种目标或目的，以解释我们为什么应该做某事。

与这些命令不同，康德提出道德上的“应该”是断言命令。我不应该去杀人，不管我有怎样的目标或目的。这条禁止规则是绝对的，意思是我们不必给出某种目标或目的，以解释我们为什么应该遵守这条规则。

康德想表达的一个观点是，上述就是道德法则的结构。道德法则在本质上有着断言命令的形式。如果这是正确的，那么无论何时我们认识到自己应该做某事或不应该做某事，我们就是在为一条原则背书，这条原则与具体个人的具体兴趣、愿望或目标无关，它有着普遍性，对所有人都适用。因此，比如说，认识

53

到我不应该被欺骗就等于认识到没有人应该被欺骗。因被欺骗而感到愤怒，但同时毫无忌惮地欺骗他人，这就是一种虚伪：为了自己的需要而任意改变规则。

我们不必像康德那样深入探究断言命令的概念，就能看到某种形式的可普遍化原则是道德法则的一种根本特征，也是道德思维自然的一部分。要把握可普遍化原则我们只需：首先，接受某些事情发生在我们自己身上有好坏之分；其次，认识到如果这些事对我们自己或好或坏，那么就没有什么合理的理由认为它们在类似情况下不会对他人产生同样的效果。如果我们接受了这两个命题，那么“己所不欲勿施于人”这条原则就有了某种理性的根据。

与我所概述的所有道德原则一样，我们不必深入细节，就能看到事情的复杂性和矛盾性。在这个例子中，一个重要的争议是，普遍的断言命令是否是理性所要求的（这是康德的看法），抑或，道德法则普遍化并非那么有道理。就这个例子本身而言，我认为第二种看法是正确的。但由于涉及道德哲学的大量细节问题，这些争论实际上并不那么重要。可普遍化的基本原则，即如果我们认为应该在这种情况下做某事，那么在其他相应的类
54 似情况下也应该做这件事的原则，如果它得到了足够的认同，可以用在各种道德论证中，那么阐释和论证这个原则的技术问题就不会对它在日常道德思维中的应用构成障碍。

结语

现在我们可以明显看到无神论者一定是非道德主义者的看法是没有根据的。宗教信徒和无神论者有着一种重要的共同立

场。对他们来说，对错善恶都不可能由上帝定义或者仅仅来自上天的旨意。对他们来说，道德选择最终都必须由个体做出，我们无法让他人为我们做道德选择。所以，无论我们有没有宗教信仰，我们都必须自己决定什么是对，什么是错。

为了说明道德之源，我们只需认同某些事物具有价值，这个价值的存在使我们有理由以某种方式做出行为即可。这种非常宽泛的认同并不蕴含任何具体的哲学立场，甚至是宗教立场。这很可能不过是具有人类情感的人的基本认同。

一旦有了这种基本认同，我们就有了几种资源，帮助我们思考什么是正确的事。我们可以思考使自己和他人生活繁荣所必需的东西是什么。我们可以思考我们行为的结果是什么，从而避免去损害那些我们认为有价值的事物，努力于它们有益。我们还可以认识到，说在某种情况下某事是好是坏，就等于说在所有相应的类似情况下它总是好是坏。由此，我们可以努力使自己的行为具有一致性，或者换句话说，努力避免虚伪。 55

当然，仍然可以说我们并没有给出任何逻辑论据，证明无神论者的行为应该符合道德，但我们对有神论者也无法给出类似的论据。人们通常犯的错误是认为一个人有了宗教信仰，道德准则自然会随之而来，而不必去思考这些准则或者为这些准则提供理据。一旦看穿了这种虚假性，我们就会知道为什么行善对于每个人来说都是一个挑战，不管他是无神论者，还是非无神论者。 56

第四章

意义与目的

这一切意义何在？

相信“没有上帝，可行任何事”这个虚假观点，这本身不能给我们提供拒绝无神论的理由，因为它至少为我们享受一些可能的骄奢淫逸的生活打开了大门。也许对无神论来说更加犯难的是“没有上帝，一切都无意义”的观点。当然，你可以做你想做的事，因为没有神性力量阻止你，但为什么一定要做事，意义何在？如果我们的生命最终会化为乌有，我们为什么还要挣扎一生（对很多人来说，生活就是挣扎）。“生活就是狗屎，然后你就死了”，这句话是那些幻灭失意之人的虚无符咒，他们放弃了对上帝的信仰，认为这样生命就成了一场毫无意义的悲喜剧。

要回答这些问题，我们有必要回到根本，思考人生的意义或目的这个概念。这里的问题是，人们通常会假定宗教人士不会有人生意义的问题。买入宗教的股份，意义就免费而来了。选择离开宗教，就失去了意义。这个思路与捆绑伦理与宗教的思

路十分相似。人们假定伦理与宗教是绑在一起的，所以没有宗教，伦理就成了问题。正如我们在上一章看到的，这肯定不正 57
确。在本章中，我会论证生命的意义和目的与宗教绑在一起的看法也不正确。要论证这一点，我们先要看怎样理解生命具有意义和目的的观点。

设计者的目的

法国存在主义思想家让-保罗·萨特认为抛弃上帝存在的观念，人类就会失去“本质”。萨特对“本质”的定义非常特别，他用裁纸刀的例子做了解释。他说，一把裁纸刀有着明确的本质，因为它被设计出来时就带有了目的，即裁纸。这样，它的创造者就赋予了它本质：裁纸刀的本质是裁纸。

这里本质的概念与某些人认为的裁纸刀的目的相吻合。换句话说，裁纸刀有目的，即其创造者赋予它的用途。

萨特提出，由于上帝不存在，人类就与裁纸刀不同，因为并没有一个智慧的设计者把人类创造出来。因此，人类没有萨特所说的本质。不过有意思的是，他并没有得出人类没有目的或意义的结论。他的理由我们稍后会明白。

不过，首先我们要关注某物的目的或意义由其创造者赋予的看法。这个看法似乎支持宗教观点，即信仰上帝自动解决了人生意义的问题。如果我们是由上帝创造的，那么我们的目的就自然由上帝交予我们，因为他在创造我们的时候脑子里就有了某种目的。这种类比以各种各样的形式出现在宗教对话中。例如，人们有时会想当然地把《圣经》当作上帝的指令手册，其
中载有创造物被上帝创造出来的目的。 58

不过这里的问题是，如果思考一下，我们会发现这似乎只给了我们一种不太令人满意的人生意义。我们可以从裁纸刀的类比中看出原因。虽然裁纸刀具有意义和目的是因为它有创造者，但这种目的**对于裁纸刀来说**并不那么重要。当然，裁纸刀没有意识。这更加说明，当我们从设计用途来界定某物的目的时，这个目的的重要性在于创造者或该物的使用者，而非该物体本身。

我们现在来看一个例子，假定被创造出来的物体具有意识，设想一种反乌托邦式的未来，人类在实验室中被培育出来去完成特定的功能，这有点像奥尔德斯·赫胥黎在《美丽新世界》中描述的场景。这里我们可以想象有一个人，被创造出来的目的是打扫洗手间。如果这个人想知道自己人生的意义或目的，我们就可以不无道理地说，是“打扫洗手间”。但认为这个答案回答了有关人生意义的重大存在主义问题不免有些荒谬。简言之，由创造者赋予创造物的目的或意义不必然是我们所寻找的那种人生目的或意义，我们想知道的是生活**对于我们自己**有什么意义。如果生活的唯一意义是满足**他人**的目的，那么我们自己就不再是有价值的存在，我们只是他人的工具，就像裁纸刀或克隆出来的工人。

这就是为什么信仰上帝这位造物主并不能自动地为我们的人生提供意义。不过，它能以某一方式满足某些人对于意义的渴望。这样的方式有两种。第一种情况是，他们觉得按上帝的旨意去行事是幸福的。事奉上帝对于他们来说就是很好的人生目的。我觉得这有点奇怪，因为我觉得很难想见上帝创造出我们这样的生物来仅仅是为了事奉他：因为似乎他不需要别人为

图5　这个幸运的家伙从他的创造者那里获得了目的。这样不是很好吗?

他做家务或其他类似的事。这在态度上也有点接近那些很多世纪以来都认为自己人生唯一的目的就是为贵族和上层阶级而劳
59 动的人，这也让人有些不安。为自己的卑微地位感到骄傲，并把这种地位看作人生的意义，我觉得这似乎就是尼采所说的“奴隶道德”：认同事实上的不幸地位，以使这个地位看起来令人满意。这似乎就是萨特所说的“坏信念”：假装事情要好过它们的真实情况，从而逃避令人不安的真相。

第二种情况是，宗教人士相信上帝给我们安排的目的就是我们**自己的**目的，而不是我们**为他**所做的什么事。我们可能不知道这个目的是什么，但我们有的是时间去寻找，所以这么着急干吗呢？这是一个具有完全统一性的立场，但与宗教中的很多事情一样，我们应该认识到这需要宗教信徒采取完全盲目的信任，或者，按照他们更喜欢的说法，需要他们完全凭信念行事。赞同这个立场就等于承认宗教人士事实上对人生的意义或目的一无所知，但他们相信上帝给他们安排了目的。但这里还是存在那种让人困惑的疑虑，别人给我们的意义不必然是使我们自己的人生有意义的意义。宗教人士不得不凭信念，认为他们的人生目的不会是永远打扫天堂里的洗手间。

作为目标的人生目的

所以，无论是否存在上帝，如果人生真的有意义，那么它就必然是关于我们自己的事业、需要或欲望的意义，而不仅仅是我们的造物主的目的，不管这个造物主是人，还是物。顺便说一句，这就是进化论也不能为我们的人生提供意义的原因。进化论告诉我们，我们之所以在这里，在某种意义上是因为要复制

DNA。但对我们为何存在、要实现怎样的生物功能而言，这完全是一种外在性的解释。这并没有解释人生意义的问题，就好像是在说，你被孕育的原因是你的父母想多领取一些子女补贴。这可能给出了你出生的部分原因，但并没有告诉你为什么你的人生是有意义的，如果它的确有意义的话。

如果我们抛开造物主的目的，开始独立地思考人生的意义，一个自然的出发点是思考我们自己的目的或目标。很多人的确是这样看待人生意义的。他们总是谈论自己到30岁、50岁或65岁时要实现些什么，其中隐含的假设是达到这些目标会使他们的人生完整，使他们的人生有意义。

这里有意思的一点是，在多数情形下，人们并不认为这些目标或目的是上帝赋予他们的。当然，有时你会听到运动员说这样的话“上帝让我来到这个世界，就是要赢200米跑的奥林匹克金牌”，但他的多数对手都会说，胜利是他们期望的东西，与上帝没多大关系。大体上说，当人们为自己设定人生目标时，是他们自己选择了这些目标，这实际上在很大程度上说明这些目标为什么对他们是有意义的。人们所做的是努力达到一定程度的“自我实现”。他们设定目标，认为这些目标能够开发、实现自己的潜能，从而使自己的人生在某种意义上比现在更加完满。例如，有音乐天赋的人设定的目标一旦实现，会表明他们最大限度地开发了自己的音乐潜能，从而成了比之前更为完整或完善的个体。

认为我们可以自己选择自己的人生目的和目标，从而成为自己人生意义的书写者的观点十分重要，我们不久还会讨论到。但首先我们应该认识到，把我们自己设定的一个或几个目标当作人生意义也有一些潜在问题。如果我们太过专注于目标，就会面临两种危险。

第一个危险是，我们可能会无法达成目标。在体育之类的
62 领域中，无可避免的是，很多人无法实现目标。如果无法实现目标与使人生具有意义之事紧密相连，或者甚至是它的主要部分，那么这样的失败对一个人来说就是灾难性的。

第二个危险是，我们达成目标之后，人生也就变得无意义了。事实上，那些很多年专注于某个具体目标的人身上确实发生了这样的事。你会听到很多人这样说："我一生努力工作都是为了实现这个目标，现在我成功了，但我不知道该干什么了。"通常，由于这样的人都有非常强的目标导向的个性，他们会设定另外一个目标，从而回到日常工作上。这只是要强调把意义与目标实现过紧地绑在一起会出现的问题：除了实现每个目标时的片刻欢愉外，人生永远不会真正让人心满意足。其余时刻，你要么在为着未来的目标努力，要么沉浸在过去的成绩中。

我们思考一下什么使事物有价值，这个问题就会更有哲学意味。例如，由于我过着令人兴奋的生活，所以今天我要买些食品杂货。我为什么要把宝贵的时间花在这么无聊的事情上呢？原因是我要吃东西。但我为什么要吃东西呢？有两个原因：一个是我喜欢吃东西，另一个是我需要食物才能活下去。接着，为什么要活下去呢？等等。

对于这一系列的"为什么"，我们可以给出两种答案。一种答案用更为根本性的目标来解释我的行为：买食物的原因是要活着。然而，对这样的答案，我们总是可以继续再问一个"为什么"。为什么要吃东西？为什么要活着？为了使这样的问题停下来，我们就必须给出一种自足的原因，而非用更进一步的目标

或目的作为解释。我给出了这样的一个原因：我吃东西是因为我喜欢吃东西。如果你继续问我为什么喜欢，或者，我为什么应该做我喜欢的事，那么你就没有真正明白喜欢做一件事意味着什么。喜欢做一件事本身就是做这件事的一个好理由，只要这 63
件事不会伤害别人或自己，不会妨碍你做更重要的事情，也不会违反其他类似的人生警示。所以，如果我用我喜欢吃来解释我为什么狼吞虎咽一盘土豆泥花椰菜，那么就没有必要或道理再追问为什么了。

如果我们把这个原则再推广一下，我们会看到，如果我们问 64
自己为什么做某事，最终我们总是会说这件事本身有价值，而不仅仅是为更进一步的目的或目标服务。如果太过专注于目标，我们就可能忽略这个关键点。

但这并不意味着目标的达成对人生意义没有贡献。目标对于使我们的人生富于意义有着很大的作用。但目标要最大程度地起到这个作用，就要满足两个条件。第一，我们觉得达成目标的过程本身有意义，有价值。这样，我们为这个目标所花费的时间也就有意义，即使最后我们没有实现目标。第二，目标的达成本身可以带给我们具有永久价值的东西。这样，我们实现了目标之后，也不会突然觉得人生空虚。

太过专注于目标和成绩还有另外一个危险。这可能会使太多人的生命毫无意义。事实是，很多人，甚至是多数人，都不是目标导向的，对成功并没有很强的渴望。多数人渴望的是同伴情谊，是使自己开心的工作和足够自己过上品质人生的财富。如果这些都具备了，人生也就有了足够的意义，因为它们合起来本身就是有价值的。那么问下面这个问题还有道理吗：“你为什

图6　在此之后还能做什么呢？

么想整天做你喜欢的工作，然后回家与你的爱人相聚，按照自己开心的方式度过闲暇时光呢？”问这样问题的人是不是忽略了什么呢？

作为自身答案的人生

我们得到了这样的观点：人生的终极目的必须是自身具有价值的东西，而不是无穷无尽的目的链条上的一环。这是无神论者觉得自己的人生比很多宗教人士的人生更为有意义的一个原因，后者把这个世界看作下一个世界的准备阶段。对这些人来说，生命自身没有任何价值。生命就像一枚硬币，它可以用来 65
交换真正重要的物品，即逝后之世。然而，这仅仅是把什么使生命有价值的问题搁置了，因为它并没有告诉我们为什么天堂里的人生是有意义的，而地上的人生没有意义。我们再一次看到，宗教似乎并没有给我们提供答案，它只是让我们凭信念相信，答案会出现的。

由于人生在某个阶段总会显出其自身的价值，否则它就没有任何意义或价值，所以无神论者想要努力找到使当下的人生有意义的东西，而非寄希望于逝后之世更加美好，这样的愿望是理智而审慎的，特别是鉴于已有证据说明这是我们仅有的人生，就更是如此。

但是使人生有价值的东西是什么呢？任何简略的回答都会显得陈腐不堪，但这里真的没有什么秘密。雷·布拉德伯里在其短篇《月亮仍会明亮》中做了简洁的说明。他虽然讲的是火星人的故事，但故事的寓意可以适用于人类：

> 火星人发现“为什么活”这个问题总是出现在激战正酣或极度绝望的时候，而此时没有任何答案。一旦文明平静下来，社会不再动荡，战争停息，这个问题就会变得毫

无意义。现在生活富足，无需争论。

当世事艰难，生活不易的时候，生命就似乎毫无意义。但当生活富足了，那也就没有必要再去追问意义。正如上面的例子，如果一个人的工作和家庭生活都很顺利，那在某种意义上就没有理由再去问为什么人生值得去活。经历着它的人自然知道答案。

当然，这个说法本身并非什么足够好的答案，因为它并没有告诉我们在逆境中应该对别人或对自己怎么说。对我们多数人来说，生活就像一个混合体，诸事顺利美好的时刻稀少而短暂。但布拉德伯里的观点正确的地方是，这个答案的核心只能植根

于生活本身具有价值的事实上，即便在艰难的时刻也是如此，生活不必服务于任何其他目的。此外，为什么我们应该活着这个问题的答案就是生命本身，认识到这一点，对于我们要面对人生短暂这个事实并使自己适应这样的人生十分重要。如果假装或想象人生的目的存在于其本身之外，那我们无异于一直在骑着驴找驴。

享乐主义

前面，在谈论人生何以值得活的时候，我举了吃大餐的例子。这可能在暗示，使人生有价值的东西不过是快乐。毕竟，快乐本身就是好事，如果我们经历着快乐，我们就不需要其他目的来说明它。因此，如果人生是有限的，而我们要在人生中本身就有价值的东西中找到意义，那我们难道不应该一心享乐吗？

很可能，这就是我们这个时代的世俗正教。“抓住今天，及时

行乐”已经成了这个时代的信条。由于媒体评论和广告等的推波助澜，我们总是在不断寻找新的、更大的快乐。你只需一天的时间，专门去数报纸、杂志和广告上承诺向我们提供更大快乐的文章，你很快就会数不清楚。如果你看的是有关男性生活或女性生活方式的杂志，那就更是如此，它们唯一的目的似乎就是承诺让你变得更加幸福，更加满足，更加性感有魅力。如果这些生活提示真的发挥了作用，人们很快就没有必要再读这些杂志了。但它们的发行量一直都很高。我觉得这说明了问题。

还有一个具有说明性的情况：人们广泛认同我们正处在一个相当令人沮丧的社会中。在西方发达社会中，我们可以接触到的快乐之多之好超出了我们祖先的想象。但我们这群人并没有明显表现出心满意足。哪里出了问题呢？ 67

这个明显的悖论在多数伦理哲学家的意料当中，他们这些人都对过分强调享乐表示怀疑。这里的主要问题是快乐有着稍纵即逝的本质属性。人们对此给出了各种各样的解释。感觉快乐当然不错，但快乐通常不会留存很长时间。事实上，完全致力于享乐的生活也可能很辛苦，因为当一个人真的严肃对待这件事时，他就不得不做出努力以不断获得更多。当下总是逃避我们的掌控，所以当下的快乐从其获得的那一刻起就注定了会从我们的手指间流走。

这就是致力于快乐的生活对于我们多数人来说很不能让人满意的原因。当然，好的生活总包含合理的快乐成分，只有最清教徒式的道德家才会持相反的看法。但幸福或满足不仅仅需要稍纵即逝的快乐。它要求我们去过令我们感到满足的生活，即使有时我们并非在享受快乐。没有什么程式可以确定这是怎样一种生活，各人对于这种生活的看法肯定有很大的不同。对于一些人来说，享乐主义的生活既可以带来瞬间的快乐，也可以带来持续的满足。对另外一些人来说，平静的、缓慢的爱的付出虽然在旁人看来可能没有什么快乐之处，却能提供极大的满足。

这些论述的主要意义在于，我们不应该过快地认定，如果这人生就是我们的唯一人生，而生命的意义必须从生活本身寻找，那么这就意味着我们应该追求享乐的生活。这可能符合人们对浅薄的无神论者的否定性思维定式，这些人沉醉于享乐，用享乐来填补自己毫无目的的空虚生活。但如果用于典型的无神论者，这个观点就会像无趣的狂热《圣经》布道者对宗教信徒的看法一样不准确。

死亡

我希望上述讨论已经说明了人生对无神论者来说也可以有意义，有目的。但如果把问题倒过来会怎么样呢：为什么会有人
68 认为人生对无神论者来说**不可能**有意义或目的呢？为什么人生的意义似乎会对无神论者构成一个特殊的问题呢？

答案也许是，无神论者不相信任何超自然的存在，而觉得自然世界中的死亡就是生命的终结。无神论者毫不避讳地接受人终有一死的事实，不相信逝后之世，不相信转世，甚至不相信自我会化为世界中的精灵。所以会有人认为，如果生命如此短暂，死亡就是终结，那这一切的意义何在呢？

我已经对此做了些回答。我没有回答的问题是，为什么接受人终有一死会使人生看起来比相信逝后之世更没有意义。这只能有两种解释：一是，生命只有比实际情况更长才会有意义；

另一个是，生命只有永无休止才会有意义。这两个假设都经不起推敲。

我们来看生命只有永无休止才有意义的观点。当然不是只有永不停息的活动才是有意义的。事实上，真实的情况经常与此相反：通常活动可以结束或完结才会有意义。例如足球比赛，它的目的只在90分钟比赛结束产生结果后才表现出来。无休止的足球比赛会像在公园里胡乱踢一样没有意义。戏剧、小说、电影以及其他叙述形式也需要某种完结。学习时，我们上的课程会在某个确定的时刻结束，不会永远进行下去。在几乎所有人类活动中，你都会发现需要某种完结或完成才能使它们有意义。

沿着这个思路，我们就会产生疑问，如果人生是永恒的，它是不是会**不那么**有意义呢？如果我们的生命永无休止，那么做事还有什么意义？如果我们总是有时间把事情放到以后去做，那为什么还要努力做事，比如提高高尔夫球技？不正是认识到人生的有限，听到了“插着翅膀的时间马车快速飞来”的声音，我们才被驱策前行，生活才有意义吗？ 69

有人可能会反对，认为如果永恒的人生只是相同事情的不断重复，当然没有意义；但如果其中包含着不同的人生，那就是有意义的，甚至可以说是一种纯粹的幸福或涅槃的状态。

这个观点有两个问题。第一个是，如果永恒的人生与目前的人生看不出相同之处，那么经历目前人生的人如何明确为你或明确为我，这并不是显而易见的事。人类是具象的生物，我们整体的行事方法体现出人的思想、情感、筹划、关系、欲望和失望。无具象的人生，没有过去与未来，只是一种沉浸在永恒福祉中的感觉，在我看来这种人生似乎完全不像我自己的人生。所以，我们面临着一种困境。要么可以看出逝后之世与此世相似，这样永恒的人生似乎就没有太大的意义；要么逝后之世与此世完全不同，这样它就不太像我们真的可以过的生活。

这个观点的第二个问题是，它的基础是某些状态本身就有价值。涅槃的全部意义在于我们不需要去问处于涅槃状态有什么意义，因为涅槃本身就有价值。但如果我们认为某种形式的存在本身就有价值，可以作为我们的人生，那为什么要忽视我们真正在过的人生的价值，而寄希望于可能到来的理想的逝后之世呢？

所以，简言之，永恒的人生才有意义的说法不成立。那另外一个看法，人生应该再长一些才有意义，对不对呢？这也很不可信。如果有限的生命可以有意义，那么认为它必须具有某个长度的看法就有点奇怪。人类一生的时间，从宇宙尺度看，不过眨眼之间。即便从人类观察的尺度看，人生也是飞快而过，让人不禁唏嘘。但既有那些至老年仍对生命充满渴望的人，与此同时，
70 也有那些被人生的起起伏伏弄得精疲力尽、心灰意冷的人。一生的长度可能并不完美，但已足够使人生充满意义。

我个人不太赞同人生的长度正正好好的看法。经常用来说明这个看法的理由并不是认为自然眷顾了我们，而是认为我们总是按照标准度过一生：如果平均寿命延长，我们也不会过更有意义的生活，我们会相应地调整自己的人生规划，比如，在事业上放缓步伐。这是个让人感到安慰的想法，但我真的认为生命延长一些会是好事（假设在这额外的岁月里我们也能健康生活）。人生中要做的事情如此之多，七十年左右的寿命似乎的确有些吝啬。接受人终有一死不同于相信我们的世界是所有可能

世界中最好的一个。我们的平均寿命本来就不长，太多人甚至还无法活这么长。

因此，死亡在无神论世界观中占据非常重要的地位。正是这个最后句点才使人生在开始时有了意义，但它来得如此之快，或者即便它如常到来，也是令人遗憾的事。“好事终须了”这句陈词滥调的确有些道理。《奥赛罗》的幕布落下并不会使这部戏变坏，反而在一开始就是这部戏取得成功的必要条件之一。所以我们对死亡表示遗憾的同时，也知道正是死亡的不可避免使得人生如此有价值。

有意义的人生

虽然我在这里论述的是有意义的无神论人生的可能性，但也许论述有意义的人生的可能性会更令人信服。的确有很多无神论者过着有意义的、有目的的生活，否认这一点就太过傲慢了。

在网站celebatheists.com上，你可以看到一长串健在的无神论者的名字。其中包括阿兰达蒂·洛伊，获奖作品《微物之神》的作者，她还是印度倡导社会变革和社会正义的活动家。在一次采访中，她被问及死亡是不是终点，她回答道：“是的。……有时在死之前，人生已经结束了。”我觉得这个尖锐的回答说明了，人终有一死的无神论信仰可以使人们真正去关心那些虽然活着，但没有机会享受他们唯一人生的人们。

有趣的是，很多著名的无神论者是作家、思想家和艺术家。捷克作家米兰·昆德拉，《不能承受的生命之轻》的作者，就是无神论者；而泰瑞·普莱契，“碟形世界”系列小说的作者，说：“我想我很可能是一个无神论者，但由于上帝不存在而对上帝有点生气。”

也许认为无神论者不可能过有意义的生活的人所面临的最大挑战来自捷克共和国，那里40%的人持无神论。到布拉格去度假吧，看看你是否会被迷失意义的虚无淹没。

历史上也出现过很多无神论者，包括法国前总统弗朗索瓦·密特朗（1916—1996）、美国物理学家理查德·费曼（1918—1988）、现代土耳其之父穆斯塔法·凯末尔·阿塔图尔克（1881—1938）以及诺贝尔物理奖和化学奖得主玛丽·居里（1867—1934）。

我不是在说这些人都是英雄，也不是在说我们应该钦佩他们的所作所为。无神论者的人生有好有坏，这与牧师、教皇和拉比的人生一样。说这些只是要说明这些都是富有意义和目的的人生，它们可以作为具体的例证，说明不信仰上帝的人不会失去方向或意义。证明某事可能存在的最好证据是说明它真的存在。这些人说明有意义的无神论人生不仅仅具有理论上的可能性。它们每天都发生在我们周围。

第五章

历史上的无神论

不是无神论的历史

这一章的主题不是要写无神论的断代史，有两个理由。第一，它内容太多，短短的一章无法容纳，且我自己不是历史学家，无法胜任。第二个原因与本书主旨有关。我主要想提供无神论是一种正确思想的原因，反驳那些反证无神论的论据，而不是讨论所有与无神论有关的事情。

所以，我对无神论历史的兴趣就只限于两个具体问题，我觉得论述无神论时，对这两个问题的回答可以构成宽泛的论据。第一个问题是，无神论是什么时候，由于什么原因在西方历史中出现的。第二个问题是，无神论在多大程度上牵连进了20世纪苏联、纳粹德国、意大利和西班牙恐怖的极权主义。对第一个问题的解答有助于加强无神论的论证，而对第二个问题的解答可以削弱反对无神论的声音。

无神论的诞生

无神论何时开始？这个问题有两个答案，它们看起来相互
73 矛盾。一个是无神论与西方文明一样始于古希腊。詹姆斯·思罗尔在其《西方无神论》一书中论证了这个观点。另一个看法是无神论是在18世纪才完全出现的。这是戴维·伯曼在其《英国无神论史》一书中提出的观点。然而，这两个观点的矛盾只是表面性的，因为有一个解释可以把思罗尔和伯曼的说法统一起来。这就是，无神论起源于古希腊，但它作为一种显明的、公开宣扬的思想体系直到启蒙时期才出现。

思罗尔论点的基础是自然主义与无神论必然具有联系。我们在第一章中看到，无神论不能被简单地看作对宗教的否定，相反，如果认为无神论所持的观点是只存在一个世界，而这个世界就是自然世界，那么无神论本身就是一个自足的思想体系。

如果这样理解无神论是正确的，而我与思罗尔一样的确这样认为，那么要理解无神论的起源就必须理解自然主义的起源。自然主义起源于公元前6世纪前苏格拉底时代的米利都哲学家，他们是泰勒斯、阿那克西曼德和阿那克西米尼。他们是第一批抛弃神话解释，转向自然主义解释的哲学家。在此之前，世界起源和运行的问题都由神话来解释，而这些米利都人却致力于一种在当时看来具有革命性的观念，即自然是一个自足的体系，它的运行受规律支配，而规律可由人的理性来把握。这标志着解释方向上的根本性转变。人们不再需要设立自然以外的东西来解释自然：所有答案都要在自然本身中去寻找。

因此，这也是科学开始的标志，虽然它发展为我们所认定的
74 严格实验科学还有很长的时间。然而，过分强调前苏格拉底哲

图7 无神论始于对神话迷信的抛弃。这才是我所说的进步

学家的元科学家身份却是错误的。批评无神论的人经常说，无神论受到了科学的束缚，说无神论把科学解释作为唯一的合法解释，因此无神论驳斥宗教的基础是对何为有用的解释，甚至是何为真实的解释的一种偏狭理解。如果把无神论的起源等同于科学的起源，那么思罗尔对无神论起源的说明可能会加强这种批判的声音。

然而，这种批判是错误的，因为科学只是前苏格拉底哲学家所开启的新世界观带来的结果之一。他们开启的思想革命不是专门地以科学取代神话，而是在各个方面以理性解释取代迷信。

要说明这一点，我们可以比较一下希罗多德和修昔底德著作中古希腊的历史发展，思罗尔谈论了这段历史，哲学家伯纳德·威廉斯在其《真理与真诚》一书中也谈到了这段历史。这里我们再一次看到抛弃神话迷信，选择更为理性的解释的例子。这种发展的真实历史绝不是像开关一样，可以在完全神话式的希罗多德和列举朴素事实的修昔底德之间来回切换。不管怎样，当修昔底德用一系列可以连接为某种因果性历史的事实和表明时间的事件来讲述历史时，他跨越了一条十分重要的边界。正如威廉斯所言，修昔底德的历史旨在“讲述真相”的原貌。修昔底德的历史观现在看来只是常识（但对于很多专业历史学家而言并非如此），我们很难想象人们会有什么其他看待历史的方法。这说明修昔底德的历史所带来的改变有多么重大。

米利都哲学与修昔底德历史之间有一种联系，这种联系并不仅仅是它们都抛弃了神话迷信，而是在于是什么**取代**了神话迷信。在这两个例子中，取代神话迷信的都是理性。理性的解释大体就是把解释限制在理性、证据和论证的范围内，它们可以被所有人都能使用的原则和事实所检验，可以在此基础上被接受或被抛弃。在最优的理性解释中，我们不必依靠猜测、观点或其他无根据的信念来弥补解释上的漏洞。

在这个意义上，前苏格拉底哲学家为之奠基的科学和修昔底德开创的历史研究方法都具有理性的特征。历史成了按照所有人都能获得、所有人都能评价的证据和观点讲述过去事情的尝试。科学成了按照所有人都能获得、所有人都能评价的证据和观点给出世界运行规律的尝试。这是由米利都哲学家发起的
76 更为宏大的思想革命。

在这个意义上，我们可以看到作为无神论核心和根本的自

然主义其本身是对理性主义的恪守。(这里的理性主义不能与17世纪的理性主义相混淆,后者对理性力量的看法更为具体而富有野心。)自然主义来自理性主义,因此无神论起源的根本之处是理性主义,而不是自然主义。所以不能说无神论仅仅是浅薄地认为科学研究最为重要。无神论所认同的是更为深刻的理性解释的价值,而科学只是这种解释所带来的一个异常成功的例子。

有时人们会提出反对意见,认为无神论太过看重理性的价值。如果这种批评是在宣扬一种认为世界所包含的东西不能完全由理性解释的世界观,那么它在表面上看来就有一定的吸引力。但理性主义者当然也可以接受这样的世界观,只要这意味着我们只接受那些可以在理性上假定存在,但又无法由理性解释的东西。例如,很多人会同意我们无法用理性解释物理性的大脑如何生成意识,但我们的确有合理的理由假定意识存在,因为我们都是有意识的动物。因此,相信无法由理性解释的东西存在也是理性的做法。但在(比如说)鬼神的例子上,我们不仅无法理性地说明它们如何存在,也缺少合理的理由来假定它们存在。

所以,要使这种对无神论理性主义的批评真正发挥作用,就必须断言无神论者的下述观点是错误的:我们不应该相信任何我们没有合理理由认为它存在的东西。很难想见有人不借助非理性的荒谬言辞就可以论证这一点。比如,如果要认真地论证我们应该相信那些我们没有合理理由认为存在的东西,那为什么不去相信牙仙呢?(当无神论者用牙仙和圣诞老人这样的存在来说明相信非理性之物的荒谬时,非无神论者会感到愤怒,但这种愤怒无法成为一种有力的反驳。）

当然，聪明的非无神论者对于这一点还有很多话要讲，无神论者进行回应时也是同样。这里我们没有再进行讨论的空间了，因为我已阐明了我的观点。简言之，无神论植根于自然主义，而自然主义又植根于理性主义。理性主义和自然主义的起源都能追溯到古希腊，所以在很重要的意义上，这是无神论历史的第一个篇章。这一点的重要性在于把无神论的起源和整个西方理性的起源等同起来。因此，无神论可以看作人类智力和知识发展进步的宏大历程的一部分。当我们考察无神论的下一个主要发展阶段"启蒙时期"时，就会发现无神论与进步两者的同一得到了进一步加强。

明示的无神论的诞生

在戴维·伯曼的无神论历史中，他对无神论作为一种明示的思想体系出现得如此之晚感到惊讶。他提出，第一部公开宣扬无神论的作品是霍尔巴赫男爵的《自然的体系》，于1770年出版。英国出现的首部这样的作品是《答普莱斯特利博士致哲学无信仰者信札》，于1782年出版。后面这部作品的作者是谁尚有争议，它可能由威廉·哈蒙和马修·特纳共同完成。

是否还有无神论作品早于上述时间出现，是学术争论的问题。思罗尔坚定地认为，德谟克利特和卢克莱修的某些篇章具有无神论的性质，但他也同意霍尔巴赫是"西方历史上第一个不折不扣的公开无神论者"。因此，思罗尔的总体论述与伯曼的论断是一致的，他们都认为无神论作为一股完整的、明确的力量直到18世纪晚期才出现。在此之前，有一些零散的作品具有无神论的性质，甚至历史上有些时期认为上帝或诸神都不重要，至少在某些社会阶层中如此，比如早期罗马帝国的上层阶级。不过，那时并没有出现说明和宣扬无神世界观以取代宗教世界观的系统性的、持续性的尝试。

由此开始，无神论的出现和确立过程很有意思，伯曼对此做了详细的分解。不过鉴于本书的目的，我只想强调其中两个有趣的特征。

第一个是，无神论在这个时期的出现与无神论伴随古希腊西方理性诞生而进步发展的模式相一致。正如无神论的先辈自然主义和理性主义是从神话到理性进步的结果，无神论作为一种明示的信条是启蒙价值发展的结果。

虽然现在诋毁启蒙理想成了一种时尚，其最基本的理念却成了我们认识现代文明社会的基础。就平等、自由和宽容的准确含义可以进行争论，但三者都是我们所认为的好的、公平的社会的核心特征。在理性力量的作用下，我们可能放弃了一部分启蒙时期的乐观主义，但我们肯定不想回到一个建立在迷信上的社会。虽然有人可能认为我们对于权威的蔑视已经太过，但极少有人真的认为我们应该回到职位世袭的时代，回到只有男性中产阶级拥有政治权利的时代，或者回到长老教士们掌握政治力量的时代。所以不管启蒙有什么错，理性之人总是把它当作西方社会发展史上的一个重要阶段，而其核心理想的确取得了胜利。

因为公开宣扬的无神论随着启蒙而出现，就说无神论有着启蒙的光辉，这可能有些言过其实。但把现代无神论与启蒙同时出现完全当作巧合也同样愚蠢。它们在历史上同时出现至少说明它们之间可能存在联系，而我们也不难看出这个联系可能是什么。无神论把启蒙对迷信、等级和毫无根据的权威的抛弃当作其逻辑结论，而很多人这样认为。一旦我们准备用冷静的理性眼光看待宗教，宗教的不真实性就会不证自明，这种说法当然符合无神论的自我形象。很明显，迷信和神话的基础不是神性，而是具体的、实在的人类实践。根据这个观点，我们就不可能既认真对待启蒙的理想，又坚持宗教代表真理的信仰。

所以，虽然我这里并没有进行严谨的论证，但用人类社会和智识不断发展的过程来解释明示的无神论在启蒙后期的出现是相当可能的，即便这种发展并不平顺、时有倒退。

第二个有趣特征是，明示的无神论出现得如此之晚正说明宗教在我们的社会扎根之深。伯曼叙述中最有趣的地方之一是，17世纪的作家通常否认人们成为真正的无神论者的可能性。真正的无神论者，即真的认为上帝不存在的人，与那些仅仅假装上帝不存在，并依此行事的人不同。当时宗教被认为具有普遍性。人们不可能相信有人会否定上帝的存在，就像他们不可能否定太阳或星星的存在一样。

事实上，的确有人把这种假定的对上帝的普遍信仰作为论据论证上帝的存在。这是老话“五千万个法国人不可能错”的一个变化的说法，这在我们看来作为一种理性论据是相当薄弱的。毕竟，在某个时期，几乎世界上所有的人都认为雨来自神明，都认为地球是宇宙的中心，他们当然都错了。我们不用费太多脑筋就会发现大众的统一看法不能证明某事是对，还是错。如果大众意见有这样的力量，我们就不必花时间去（比如说）寻找癌症的治疗方法。我们只需统一认为吃巧克力管事就可以了。

然而，对宗教的广泛信仰说明无神论事实上是逆势而动。这也解释了无神论会被否定性地定义为对上帝信仰的否定，而非被肯定性地定义为某种自然主义的历史原因。正如尼斯湖的故事告诉我们的，在宗教信仰作为标准的地方，我们就会从否定的角度看待无神论。而宗教信仰先前一直是，且现在通常也是全世界的标准。

在两百年多一点的时间里，这个几乎受到一致反对的信仰体系能够确立为一种可信的宗教替代品，有上百万的拥趸（特别是那些睿智的或受过教育的人），的确是一种胜利。但这也提醒我们，我们在没有宗教作为大背景的情况下生活、组织社会的经验是多么少。大众无神论还很年轻，因此，我们肯定会遇到其某些不成熟的地方。人们认为，其中一些可能至少在一定程度上造成了上个世纪的一些糟糕的历史片段。现在我们必须讨论这些问题了。

无神论与20世纪的极权主义

无神论所面临的最严重的指责之一是它造成了20世纪某些最恐怖的灾难，包括纳粹集中营和斯大林的古拉格集中营。法西斯和斯大林都是无神论的政权，所以它们的暴行应归咎于它们不信仰上帝。对这种指责无神论者应该怎样回应呢？ 81

回答这些问题时有一个困难，即某些历史本身也存在争议。特别是，纳粹大屠杀的深层原因还处在激烈争论当中。我们这里无法解决这样的争论。所以我会尽量把自己的论述建立在有基本一致意见的事情上，只用有争议的事情来说明某些反对无神论的假设仅仅是假设，而非事实。为了保持本书的风格，我不会为这里的所有观点都提供参考文献和出处。本书最后的“参考文献与深入阅读”（References and further reading）部分有相关信息。

我们先来看法西斯主义。第一个明显的事实是，宗教在法西斯主义中的作用在各地很不一样，有时很难说明。在西班牙，天主教在内战中与法西斯主义者佛朗哥站在一起，在他上台后很多年都仍给予他支持，直到1960年代他们之间才产生了严重的分歧。事实上，很多人把这场内战看成是对无神论共和党人的宗教十字军东征。天主事工会的成员在佛朗哥统治下的西班牙占据了多少权力职位还是有很大争议的问题。

当然，佛朗哥统治下的西班牙并不是最残暴的法西斯政权，但也只是与希特勒这样的极端情况相比较时才可以这样说。比如，佛朗哥对巴斯克人的压迫和恐怖统治，这一幕被永久定格在毕加索的油画《格尔尼卡》中，它描画了格尔尼卡在集市日最忙碌的时候遭到轰炸，此时平民伤亡数量是最大的。这可不是无神论的法西斯主义，而是明确的天主教法西斯主义。

在意大利也是同样，梵蒂冈在1929年与法西斯政府签署了臭名昭著的《拉特兰条约》，使法西斯意大利和梵蒂冈国互相承
82 认，并使墨索里尼成为领袖，在他的统治下，罗马天主教成了意大利的官方宗教。对墨索里尼的抵制在整个1930年代都在增强，但没有发现天主教会的主流反对他的政权，即便到1938年反犹法案通过之后仍是如此。所以我们再一次看到，很难将无神

图8　纳粹的意识形态与传统的自然主义无神论有很大的不同

论作为意大利法西斯主义背后的推动力量。

纳粹德国的例子是最为重要的，因为是希特勒带来了最为严重的法西斯暴行。但明确的事实是，纳粹德国绝不是一个彻头彻 83
尾的无神论国家。比如希特勒就持有传统德国人的看法，认为女性应该专注于“Kirche，Küche，Kinder”，即教堂、厨房和孩子。

更具实质性的是，纳粹政府与天主教会于1933年签订了协议。新教与纳粹政权的关系就更为紧密，德国新教的反犹传统更是加强了这种关系。对纳粹的反抗并非来自新教，而是来自分离出去的认信教会，领导者是马丁·尼莫拉和迪特里希·朋霍费尔。今天的基督徒把这些反对者当作捍卫原则、反抗纳粹主义的光辉典范，事实却是他们不得不从原有的教会分离出去，才能领导反抗，因此基督教对他们的颂扬是没道理的。

纳粹学说本身也与传统无神论所倡导的理性自然主义相矛盾。相反，纳粹的意识形态反而是历史学家埃米利奥·金泰尔所说的“政治神圣化”。

> 当政治运动，或多或少有意地、独断地，赋予某个世俗实体（如民族、国家、政权、人性、社会、种族、无产阶级、历史、自由或革命）一种神圣地位，使之成为集体存在的绝对原则，作为个人和大众行为的主要价值来源，提升为公共生活的至高道德准则时，这个过程就开始了。它因而成为尊崇和奉献的对象，甚至需要人们自我牺牲。
>
> 罗伯特·马利特译自《政治的宗教：从民主到极权》
>
> （罗马、巴里，拉泰尔扎出版社，2001年）

从这种背景看，纳粹德国的问题并不在于人们所假定的无神论，而在于它把鲜血、土地和民族等概念提升到准宗教的地位。我们前面的讨论已经说明，这样的神圣化与主流的理性无神论完全背离。

对纳粹德国，我想说的最后一点是，大屠杀的原因虽然非常复杂，但要否认宗教在西方反犹运动中所起的作用似乎是不可能的。正如历史学家克里斯滕·伦威克·门罗所写：

> 宗教在纳粹大屠杀中扮演了不可或缺的角色。基督教自4世纪君士坦丁时期开始就想使犹太人皈依，中世纪的基督教更是在整个欧洲对犹太人进行了不同程度的迫害，因为他们觉得是犹太人把基督钉上了十字架。这种信仰构成了反犹运动的基础，这个时期的宗教组织对此从未有过异议，甚至从未直接谈起过。
>
> 《犹太大屠杀》，选自《政治与宗教百科全书》（伦敦，劳特利奇出版社，1998年），第338页

图9 教皇与墨索里尼签订梵蒂冈与意大利间的协议

似乎的确不能否定的是，基督教的反犹历史至少在一定程度上对形成大屠杀的思想基础负有责任。

更具概括性的一点是，宗教总是倾向于进行对立区分：正义与非正义，获得拯救的与罚下地狱的，好人与坏人。在这个意义上，宗教从根本上说不仅具有区分性，而且这种区分性使人有高下之分。所以西方社会几个世纪的宗教传统使纳粹把人分为高等的雅利安种族和其他低等种族的做法成为可能，这个看法我觉得并不太离谱。

因此，把无神论作为欧洲法西斯主义的推动力的看法似乎完全站不住脚。相反，至少我认为宗教很可能比无神论更应对法西斯的恐怖行径负责。不过宗教应该负责这一点对于我维护无神论并不重要。我只要说明法西斯的意识形态或实践并没有特别依赖无神论就够了。这样，把法西斯的罪恶归因于无神论就是错的。

苏联则相当不同。这里，我们看到的是公开宣扬的、官方性的无神论社会，这毫无疑问。我们还看到，在斯大林统治下，对民众的屠杀到了令人发指的规模。这是否意味着无神论应该为斯大林造成的灾难负责呢？

虽然苏联是无神论国家，但这一点并不能说明无神论必然就是邪恶的，正如希特勒是素食者也不能说明所有素食者都是纳粹一样。当然，这肯定可以作为一种历史论据，反驳无神论总是和善的观点，但只有非常幼稚的无神论者才会认为无神论者
86 不可能做坏事。那些也认为苏联的情况可以在某种程度上反驳无神论的基督教批评家们，按此逻辑，就必须承认像十字军东征或宗教审判这样的暴行反驳了基督教。

如果要用苏联的历史来反击无神论，就要说明苏联的情况

是无神论信仰的必然的或逻辑上的结果。然而，这是不可能的。西方民主社会中有成百万、上千万的和善的无神论者，他们与苏联没有任何联系，这就说明在无神论和纵容集中营的态度之间没有任何重要的联系。

然而，无神论成为苏维埃共产主义的重要组成部分，我认为，这给我们上了有益的一课，虽然我们不能说苏维埃共产主义是无神论的重要组成部分。这一课告诉我们当无神论太具战斗性、启蒙的理想太过乐观时会发生什么。

苏维埃共产主义的思想根源是卡尔·马克思的共产主义哲学。马克思有句名言，宗教是“人民的鸦片”。但把这个说法孤立起来看，说马克思认为宗教应该尽快以武力废除，就是错误的。马克思的确认为宗教应该被废除，但废除的方法是建立一个人民不再需要宗教安慰的社会。在这样的共产主义社会中，根本无需禁止宗教，因为人民不再需要宗教。

因此，我们可以看到苏维埃共产主义在两个方面偏离了无神论的核心精神。第一，共产主义只是无神论信仰的一种，而且肯定不是最受欢迎的那一种。第二，苏维埃共产主义由于积极地压制宗教，已经歪曲了马克思原本的共产主义思想，后者并没有宣扬对宗教的压迫。

事实上，即便苏联在官方上是无神论的，说它与宗教总是对立也是不对的。斯大林允许设立莫斯科主教区，这是俄罗斯东正教的核心机构。根据历史学家迈克·波尔多的观点，在整个苏联统治时期该主教区

公开支持苏维埃政权的所有军事行动：镇压匈牙利起

义（1956），建立柏林墙（1961），侵略捷克斯洛伐克（1968）和阿富汗（1979）。

《俄罗斯》，选自《政治与宗教百科全书》（伦敦，劳特利奇出版社，1998年），第657页

后苏联时期认为宗教一贯反对苏维埃统治的观点是站不住脚的。

所以，无神论者可以坚定地把自己与斯大林的暴政区分开，只需指出苏维埃共产主义甚至都不算是马克思共产主义的逻辑延伸，更不用说是无神论核心价值的逻辑延伸了，后者与共产主义完全无关。然而，虽然这个辩护已足够在历史法庭上赢得"无罪"判决，但苏维埃的经验也告诉我们有关无神论的两个危险。第一个是狂热的战斗性。不赞同宗教是一回事，而认为反对宗教的最佳办法是压迫宗教，把无神论确立为正式的国家信条又是另一回事。苏维埃俄国发生的事是我个人不喜欢战斗无神论的原因之一。当我最近听到有人说他们真的认为宗教信仰是一种精神疾病，期望未来这些宗教信徒可以得到治疗时，我就想到战斗无神论何以走向极权式的压迫。但这个危险不唯无神论所独有。宗教激进主义是任何信仰体系中都存在的危险，所以我认为我们需要警惕的危险不是宗教，而是所有形式的激进主义。

因此，无神论的典范不应该是苏维埃式的国家无神论，而应该是西方式的国家世俗主义。事实上，世俗主义是西方文明的重大胜利之一，也是启蒙运动最值得骄傲的遗产之一。绝大多数无神论者都不希望看到无神论国家，他们希望看到的是世俗

的国家。这里有关宗教和信仰的事务不是由政府来调节，而是由个人的良知来解决，这与拥护个人自由的自由主义传统大体一致。国家只有在极端主义威胁到公民的自由时才会介入宗教事务。

苏维埃共产主义警告我们的第二个危险是，不应该认为社会可以仅凭理性原则去组织，而无视其传统和历史，或者无视个人的自由。我们应该知道很多西方知识分子，包括伯兰特·罗素在内的无神论自由思想家在一开始都对苏维埃革命抱有很乐观的期望。人们幼稚地认为可以把社会这块石板涂抹干净，然后只遵从公平、正义、高效的理性原则来重新书写。这种大范围的无视或否认人类本性和文化传统的做法在一定程度上造成了后来的灾难。

无神论者完全可以不接受这种看法，而事实上，在看到这种看法在上个世纪带来的后果之后，现在几乎没有人还接受这种看法。然而，理性无神论总是有一种过分强调理性作用的危险，认为如果我们更加理性地去组织社会，生活就会更美好。如果这意味着把一个“更理性的体系”强加于不情愿接受的大众，那么结果将会是灾难性的。

结语

我认为考察无神论的历史可以得到几个有关无神论的有意思的认识。第一个是，无神论的兴起与理性主义在古希腊的兴起及在启蒙时期的发展有着深刻的联系。因此，无神论是人类 89
文明进步过程的一部分，在此过程中迷信被理性解释所取代，我们抛弃了对超自然王国的幻想，逐渐认识到怎样在自然世界中生活。

第二个认识是，无神论不应该为20世纪极权主义所带来的灾难承担责任。但我们也要记住，试图用暴力推翻宗教信仰的战斗无神论或激进无神论与其他形式的激进主义同样危险。因此，无神论最真实的政治表现应该是国家世俗主义，而非国家无
90 神论。

第六章

反对宗教？

错与坏

有一种观点认为无神论的主要任务是攻击宗教。这是认为无神论的本质是反宗教，而非支持自然主义的一般看法的一部分。这种看法很难改变，因为在世界多数国家里，宗教都比无神论更受尊敬，因此无神论者不得不为争取自己的地位而战斗，在整个过程中都被当作宗教的可恶敌人。

最近发生在英国的一件事可以说明人们多么容易形成这种错误印象。英国早间无线电广播中一直有一档很重要的3分钟新闻节目，叫作《今日思考》。与其他世俗节目不同，它允许来自各个宗教的发言人发表有教育意义的，但通常也是陈腐的劝诫。英国三个主要的无神论组织，英国人文主义学会、国家世俗协会和理性主义者出版协会，一直努力让非宗教观点能够在这档节目上得到表达。这里重要的并不是他们想驱逐宗教观点，而是他们由于被排除在外而不无道理地表示愤慨，且担心这会

强化这样的信息：只有宗教可以在伦理和人生方向的问题上有
91 权威地发声。

然而，当很多著名公众人物签署抗议排斥无神论者的联名信事件被报道之后，很多人把整个活动看成是无神论者在对宗教界吹毛求疵。（英国广播公司安排了名为《今日不同思考》的一次性节目，让一位坚定的宗教反对者表达看法，他们肯定知道这个人会利用这次机会表达敌意，甚至怂恿他这样做。但这无济于事。）正如只想为女性争取平等代表权的女性主义者被懒散地矮化成"男人敌视者"一样，反对价值教育宗教垄断的无神论者被贴上了"反宗教"的标签。

只在一种意义上无神论才**必然**会反对宗教：他们认为宗教是虚假的。但仅从"反对"一词来看，多数穆斯林都是反基督教的，多数基督徒都是反犹太教的，多数新教徒都是反天主教的，等等。不过，不因这些教派有不同观点，就冠以"反对某某"的名头，也许是更明智的做法。说某个群体"反对"另一个不仅仅意味着观点不同，还暗含着敌意。无神论不必对宗教有敌意，正如犹太人不必对印度教徒有敌意一样。

当然，的确存在反对宗教的无神论者，正如事实上存在反对新教的天主教徒以及反对天主教的新教徒。我之后会讨论这种敌对态度产生的一些原因。但这种敌意既非无可避免，也不是无神论的要求。

从根本上说，无神论者对宗教的反对是对其真实性的反对。所以，要论证无神论就有必要面对宗教信仰所提出的挑战。毕竟，也有很多高知人士信仰宗教，无神论者简单地把宗教信仰斥为愚昧的迷信是不够的。到目前为止，我已经说明无神论有着

坚固的根基。不过为了使这个论述更加完善，我们有必要思考一下其主要对立看法的优点。 92

上帝存在的论据

随便拿起一本宗教哲学的入门书，你都会看到许多有关上帝存在的传统论据。说明这些论据无法起到论证的作用将是一件很有意思的事，不过我觉得不太值得在这上面花太多时间，因为这些论据都无法解释人们为什么信仰宗教。这不仅是我自己的看法，很多深入思考过这些论据的宗教人士也真诚地这样认为。例如基督教哲学家、多部重要宗教哲学教材的作者皮特·瓦迪就考察了这些论据，然后说它们是“浪费时间”。著有探讨上帝存在证据的《上帝实验》一书的著名物理学家，罗素·斯坦纳德说：“我不必去信仰上帝存在，我**知道**上帝存在，这就是我的感觉。”换句话说，哪里都没有证据和论据，真正重要的是个人信念。

那么，那些所谓的上帝存在的论据的真正作用是什么呢？瓦迪对阿奎那提出这种论据的意图做的解释，似乎能很好地回答这个问题。“我认为，他想做到的是告诉每个信仰上帝的人（毕竟当时每个人都信仰上帝）这个信仰是理性的，”他说，“我完全不能确定，他会把这一点当作独立的证据。”

从根本上说，瓦迪是在界定一种被称为护教学的论证形式。这种论证并非要说明上帝存在，而是要说明对上帝的信仰无需任何非理性的成分。它要做的是在信仰和理性之间达成和解，而不是用理性说明信仰的正当性。为清楚地了解这里的差异，我们可以看下面这个类比。一个准新郎在婚礼当天的早上发现

自己的未婚妻不见了。他在没有足够理性证据的前提下，坚信她去了南美，与之前的情人重聚。他的看法没有理性基础，但这
93 并不意味着他的观点必然与理性相违背。只要他的信念与证据相一致，就算没被理性证明，也符合理性。

我认为证明上帝存在的传统论据也是这样。它们并不能证明上帝存在，至多只能说明对上帝存在的信仰与理性和证据相吻合。它们旨在说明，上帝的存在既不违反理性，也没有得到理性的支持，但可以与理性相一致，正如新郎的看法与证据相一致一样，但除此之外再也说明不了什么了。

那么这样的论据有哪些呢？我不想花太多时间论述这个问题，但有必要勾勒出它们的大致形态，说明它们的不足之处，原因也许仅仅是这些论据有时会被宗教信徒拿来攻击无神论者。

宇宙学论据

简言之，宇宙学论据就是由于所有事物都有原因，那么宇宙必然也有其原因。而能够胜任宇宙唯一原因的只能是上帝，或至少可以说，关于宇宙原因的最好假说是上帝。只要有人转过身，对自然主义者说“喂，宇宙可能起源于大爆炸，但又是什么造成了大爆炸呢？”，他就是在利用宇宙学论据。

依我看来，这个论据糟糕透顶，是对哲学美名的侮辱，我们讨论它的唯一原因是要说明这里的惰性思维。其中一个致命的缺陷是，这个论据抛弃了自身所依据的原理。这个论据背后的直觉性原理是，所有存在东西都必然有原因，某种宏大复杂事物的原因其本身应该更宏大、更复杂。但这个论据最后却提出了十分简单的、没有原因的上帝。如果上帝的存在不依赖于比上

帝更宏大的原因，那么宇宙为什么不可以不依赖于比宇宙本身更宏大的原因而存在呢？这个论据所依赖的原理要么成立，要 94
么不成立。如果它成立，那么上帝也需要一个原因，而这里的因果链条会无限地延伸下去。如果它不成立，那么也就没有必要提出上帝的存在了。

第二个致命的缺陷是，即使这个论据的逻辑讲得通，我们也无法得出上帝存在。我们所得到的是一个比宇宙本身更宏大、更复杂的原因，而它自己没有原因。这个原因是否就是我们所理解的上帝——上帝更像是单个人，而非超级宇宙——当然是一件可以争论的事。所以，这个论据无法真正地说明这个原因类似上帝。

不过从护教学的角度去看，我们可以发现这个论证的真正优势。它能说明宗教信仰与我们的宇宙知识进行和解的可能性。假定大爆炸是上帝推动的，这可以与我们的理性和我们的知识相容。而宇宙中的万事万物都有原因也是可能的，这个因果链条既然必须在某处停止，那也可能止于上帝。所以，只要信徒不把这个论证错认为是上帝存在的证据，他们就可以用这个论证证明他们对上帝的信仰具有**理性的可能性**。这里并没有回答什么才能真正**说明上帝信仰合理性**的问题，我们不久就会谈论这个问题。

还有一个值得注意的问题：这个论证之所以危险，是因为它在本质上是提出了一种“空白的上帝”。上帝被用来解释我们目前还无法解释的东西。这是一种危险的策略。毕竟，人们用上帝来解释的很多自然现象后来都得到了解释，每次上帝都要进一步后退到未知世界中。在这个论证中，上帝已经退到了启动宇宙的火种之后。很快，信徒们就会没有位置来隐藏上帝了。 95

目的论论据

这又是一个糟糕的论据，它把宇宙比作类似于钟表的装置。如果你看到一只钟表，你就不得不认定应该有一个造它的钟表匠。这样复杂精密的装置不可能完全凭借巧合而产生。现在我们来看宇宙：它更为精密，更为复杂，所以我们更有理由认为它不是巧合的产物。因此，它背后一定有个伟大的建筑师或设计师，即上帝。

这个类比并不成立，因为宇宙根本不是钟表那样的装置。比如，我们看到一只兔子，我们不会去寻找制造兔子的人，而是要找它的亲代。与人造物不同，自然世界中的物体是通过自然过程产生的，我们对这样的过程有很深入的认识。读一本像理查德·道金斯的《盲眼钟表匠》那样的书，你就会看到进化论可以解释我们这个世界设计的样子。事实上，如果你去了解一下宇宙形成的过程、有机物生长的过程，就会发现设计师之手仅因其不存在才显得明显。

此外，正如大卫·休谟指出的，我们只能假定存在钟表匠，因为我们通过经验得知了钟表存在的原因是什么。但我们对宇宙存在的原因没有类似的经验，所以我们对它们可能是谁或可能是什么做出假设是没有道理的。我们也许还可以说，假设宇宙的创造者是某种高级的人性存在，是我们自己的全能、全善、全知的化身，这是一种太过以人类为中心的做法。为什么造物主不可能是某种更为抽象的、完全不同于宗教中传统上帝形象的东西呢？

所以，这个论据也不能确立上帝的存在，但它为上帝的存在提供了空间。认为宇宙万物背后存在一种智慧心智的看法并不与理性和证据相悖。但这不等于说，我们有确定的理由认为的确存在这样的东西。我们还没有找到这样的理由。

本体论论据

至少从哲学上说，本体论论据相当有趣，但它也不太成功。事实上，在某些方面，它是三种论据中最薄弱的一个，因为它甚至无法支持护教学。

本体论论据有很多种。它们的共同之处是，试图说明如果我们假设上帝不存在，就会出现某种逻辑矛盾，因此由于逻辑的必然性，上帝必须存在。

一种论证方法是考察上帝的概念，认为上帝的概念是一种至高至真的实体的概念。很明显，一个完美但不存在的实体称不上至高至真，因为同样的实体如果存在会更加完美。所以，至高至真的实体的概念必然是存在着的实体的概念。因此，仅通过考察上帝的概念，我们就可以看到上帝必然存在，否则就会出现矛盾。

上面我概述这个论证的方式已经表明了它的缺陷：逻辑能说明的只是上帝的**概念**包含着存在的**概念**。但这只是概念上的真理。我们不能由此类概念真理得到有关真实世界中存在什么的结论。例如，圆的概念可由数学公式清晰界定，但我们不能从这个圆的概念得出结论，认为在真实世界中的确存在满足严格数学描述的圆，甚至也不能认为真实的空间满足圆形定义所依赖的欧氏几何规则。

我们还可以通过另一种方法解释本体论论据的谬误。这种论据的效力在于说明上帝和不存在之间有着逻辑上的不相容性。这类似于其他在逻辑上相互依存的成对概念。例如笛卡尔所讨论的山与山谷。妻子与丈夫这两个概念之间也有类似的依存关系。这种逻辑依存关系说明没有丈夫的妻子是不存在的（作为妻子的身份是不存在的，作为妻子的那个女人可以没有丈夫而存在，但此时就不能再称她为妻子了！）。类比上帝与存在的关系，我们无法得到上帝必然存在的让人吃惊的结论，能得到的是这个平淡无奇的事实：不存在的上帝不可能存在。这并不意味着上帝必然存在，只意味着**如果**上帝存在，上帝必然存在。

关于本体论论据有很多著作，但多数哲学家现在都会同意，本体论论据犯了从概念性真理跳跃到存在性真理的错误，这个跳跃不符合逻辑。因此，这个论据与神学论据、宇宙学论据一道都成了哲学档案架上“过往错误借鉴”一栏中的文件。

那么什么可以说明信仰是合理的？

我相信多数宗教信徒都不会因这些论据遭到冷遇而感到忧虑，因为极少有信徒，如果有的话，是因为被这些论据说服而接受自己的信仰。但如果这些论据不能说明信仰的合理性，那什么可以说明呢？事实上，多数宗教信徒都是通过内在的确信来说明自己信念的合理性的。正如罗素·斯坦纳德所言，对于信徒而言，就好像他们知道上帝存在一样，根本不需要进一步论证。著名的基督宗教哲学家阿尔文·普兰丁格把这种信念作为“一种特殊的知识来源，这种知识无法仅通过理性获得”。

我觉得，信徒和非信徒都有必要认识到这一点。如果这确实是宗教信仰的根基，那么信徒们提出论证支持自己信仰的做法就相当虚伪。同样，无神论者用论据反驳宗教信仰理由的做法也是无用的，如果它们根本就不是真正的理由。

这种信念对信徒而言就好像是对绝对真理的直接把握，而把宗教信仰置于这种信念之上可以完全抵消我到现在为止提出的所有支持无神论的论据的说服力。我们可以类比那些反证自己存在的论据的说服力。笛卡尔有一个著名的论断，他说他有一件事不可能怀疑，那就是自己的存在。很多人会同意他的看法，结果就是没有任何反证自己存在的理性论据会撼动我们对自己存在的信念。当面对现象学的确定性，即我们对自己存在的毋庸置疑的感觉时，怀疑主义自动消解了。对很多宗教信徒而言，他们对上帝存在的信念也有着类似的力量。他们如此之强烈地感觉到上帝存在的真实性，不可能去怀疑，就像他们不可能去怀疑自己的存在一样。

我个人对于打破这些信念没什么兴趣，除非抱有这样的信念会导致不愉快的、偏狭的行为和断言，这正是各个宗教中激进的信徒所做的。不过，我还是要讲两点，那些至少准备对自己的信仰提出质疑的信徒以及那些努力理解宗教信仰的无神论者会对此感兴趣。

第一点是，当我们说“毋庸置疑”时，应该非常小心。“毋庸置疑”的真正意思可能是“不想去怀疑”或“无法想象被质疑的事情是不真实的”。宗教人士可能认为他们不可能怀疑上帝的存在，就像他们不可能怀疑自己的存在，但这并非适用于所有人，因为有很多人放弃了对上帝的信仰，但没有心理健康的人会放弃对自己的信仰（虽然有很多人经过哲学思辨后会放弃原来对自己是什么的看法）。对于那些说自己无法想象上帝不存在的可能性的人，我建议他们更努力地去想象。想象一下无神论者的境地，你就会看到他们不仅可以生活，而且可以生活得有目标、有价值。努力想象一个没有上帝信仰的人的境地，然后再努力想象自己也过这样的生活。

第二点是认识到依赖信念是一种危险的策略。信念是内在的信任，它没有理性基础或证据基础，却被视作一种知识来源。我们应该认识到的是，全世界的人都有着类似的信念，但信念的具体内容却非常不同。举一个极端的例子，有人相信神召唤他们去做“9·11”袭击那样的事情。平常，人们会通过自己宗教中所展示的神的形象来把握他们所感受到的神。比如，穆斯林国家的人们不会感受到耶稣的存在。事实上，即便在基督教文化的国度里，人们所信仰的东西也会随着时间和教派的不同而发生改变。最为显著的是，人们所感到的是上帝的存在、耶稣的存在，还是圣灵的存在，在很大程度上取决于他们属于哪一个教派。这不是一个用三位一体学说（即上述三者是独一上帝的组成部分）就能搪塞过去的简单细节问题。在《圣经》中，耶稣经常把自己与上帝区分开。“你为什么称我是良善的？”据说他曾经这样说过，“除了神一位之外，再没有良善的。”（《马可福音》10：18，《路加福音》18：19）。这说明了为什么三位一体中的三个成员的差异对于基督徒尤为重要，也因此说明了为什么不同的人直接感受到其中一个的存在会让人困惑。

对很多无神论者而言，人们用相同的依据，即个人信念，来说明不同的、不相容的宗教信仰的合理性，仅这一个事实就足够说明这样的信念无法构成宗教信仰的恰当基础。这是因为，这样的信念对所有宗教都有相同的说服力，但不可能所有的宗教都是真实的。任何用来说明众多不相容信仰合理性的东西都不可能成为信仰的坚实基础。宗教信徒很可能会说，他们无法代表别人，他们知道自己知道的东西，仅此而已。但在有明确证据说明信念并非可靠知识来源的情况下，仍然依赖个人信念，这至少是危险的，如果不是完全鲁莽的话。这就是为什么有些神学家也会谈及“信念的危险”。信念的确是一种危险，因为它不同于那种可靠的理性和证据，凭借的是内在确信这种不可靠的理性和证据。这就是证据和论证总是支持无神论者的原因，也是依然会有人信仰宗教的原因。

战斗无神论

虽然我已经论述过无神论不必然敌视宗教，但确实有些无神论者反对宗教，而这不仅限于激进主义宗教。激进主义宗教不仅招致无神论者反对，也遭到某些温和的宗教信徒反对。积极反对宗教的无神论，我称之为具有战斗性。在这个意义上的敌视不仅仅意味着与宗教观点有着重大的分歧，它甚至接近于仇恨，有着消灭所有形式的宗教信仰的愿望。战斗无神论者有一两个观点是温和的无神论者所没有的。第一个是，他们认为宗教显而易见是虚假的或说是胡说八道的；第二个是，他们认为宗教通常或总是具有危害性。

我们先来看对虚假性的指控。我已经论述过，信念有超越（事实上有时是忽视）有力证据和论证的需要。记住这一点，我们得到宗教并不理性的结论也许就不会花费太大的力气。然而，要使这个指控站得住脚的核心问题正在于信徒与无神论者经常对信仰中理性和证据的合理界限有不同的看法。信徒们认为，无神论者拒绝相信任何无法由一般标准的论证和证据确立的东西，这个做法太过狭隘。一个典型的情景是，他们会说无神论者应该对上帝敞开心胸，或者会说他们太过傲慢，相信自己关于理性的标准足以理解所有有关存在的谜题。这个思路的结果是，就某些标准看来，宗教可能是非理性的，但这些标准本身也是非理性的。

宗教哲学中有一个更好的论据可以说明这两种矛盾观点之间的冲突，即所谓的邪恶问题。一般认为，这个问题可以反证上帝的存在。它的理念相当简单。上帝应该全能、全知、全善。但这个世界上还是存在可以避免的苦难。这里的“可以避免”不仅仅是指，如果人们采取不同的方式，就可以避免苦难，还意味着宇宙的造物主本可以避免让这样的苦难发生。例如，上帝似乎没有什么理由不创造出一个宇宙，在这个宇宙中极度的痛苦和特别恼人的疾病都不可能存在。他本可以把人类的心灵制造得更为健全，这样人们就不会因缺少同情，而去折磨他人。

世界上可避免的苦难的存在似乎是个不可否认的事实。这就至少说明三种可能性：上帝无法阻止这一点，也就是说上帝并非全能；他不想阻止这一点，所以他并非全善；或者，他不知道这一事实，也就是说他并非全知。这就是所谓的邪恶问题，这似乎构成了传统的犹太-基督教上帝不可能存在的有力证据。

有一种解决方法：上帝能够阻止这一点，也有意愿阻止，但他没有这样做，是因为这种苦难的存在从长远看来对我们有好处。这种弥合邪恶的存在和上帝的存在的努力称为神正论
102 （theodicy），也是更加深入的护教学实例。但与护教学的问题一样，这里的问题也是，这种论据只能满足信徒的需要。对于很多信仰上帝的人而言，邪恶的问题构成问题，并不是因为它真的破坏了他们的信仰，而是因为他们想去解释表面上看不可能解释
103 的东西。但重要的是，如果找不到合适的神正论说明，很多宗教

图10　上帝如此爱世界?

信徒还是愿意接受邪恶的不可解释性。对很多信徒而言，上帝的存在就像时间的存在一样，他们相信时间存在，即使这样的存在似乎造成了逻辑悖论。

对无神论者而言，邪恶问题需要解释，无法提供一种好的解释就加强了对上帝存在的反证。对于信徒而言，有解释固然好，但它不是必要的。对战斗无神论者而言，这就构成了一种证据，证明宗教信徒事实上已经抛弃了真实与虚假的惯常标准。他们不愿意被表面的矛盾所扰，这就说明他们的信仰在本质上并非理性。因此，按所有普通的标准来看，宗教明显是虚假的。要驳斥这一论断，就只能抛弃知性话语所依赖的证明和证据标准。

我自己很同情这种战斗无神论观点，但由于我之前说过的一个简单的方法论原则，我还没有接纳这种观点。这个原则是，避免教条主义，也就是说总是保留某人会出现错误的可能性。我觉得上面的论据都说明宗教的虚假性。但由于无神论者和信徒在判断这些问题时并没有统一的标准，因此，我认为简单地断言某人自己的标准一定是对的就有些教条主义了。这些论据和证据，在我看来，都指向宗教的虚假性，这已经足够了。我也觉得，所有理性的人都会同意我对这个问题的看法。但由于还有很多人不同意，所以我觉得更健康的看法是，承认他们的观点中可能有某些东西是对的，而不是简单地跺脚咒骂他们在犯傻。当然，有时我也真的会这样。

有害的宗教

战斗无神论者的第二个特点是，他们认为宗教是有害的。一种说法是，相信虚假的东西总是坏的，而由于宗教是虚假的，所以信仰宗教总是坏的。“害处”这里很明显要比物理伤害更为抽象，蕴含着某种真理的缺失。

这种抨击思路的问题在于，它只能说明当宗教确实为虚假时，对宗教抱有敌意具有合理性，因为人们会对很多事物有不同看法，如果我们对这些事物都抱有敌意，那么这个世界就会成为一个十分糟糕的地方。所以，要凭这样的理由接纳战斗无神论，我们也就不得不对自己的无神论抱有教条主义态度，而我已经在上一节驳斥了这个立场。

另外一条抨击思路是借鉴尼采的看法（不管这种借鉴是否准确），说宗教总是有害的，是因为它否定生命，而非肯定生命。宗教鼓励我们去寻求虚幻的逝后之世中的酬报，而非在这个世界中得到福祉，从而削弱了人们充分利用这个他们唯一的生命的动力。这里的问题是，并非所有的宗教信仰都是真的在否定生命。当然，宗教会宣扬某些自我克制的内容，但所有伦理体系都有这样的内容。而且，似乎很多宗教信徒也确实过着充实幸福的生活。所以，把这一点作为敌视宗教的理由是相当不牢靠的。

第三个看法是，我们无法把宗教的危害与它慈善的地方区分开。当然，如果你去参加一场普通的英国国教星期日晨祷，你不会看到任何让人感到厌恶的东西。但温和的宗教信仰只是整个信仰网络的一部分，这个网络中还包含着比较有害的激进主义教派。认为一个可以离开另一个而存在只是一种虚幻的看法。温和的宗教信仰是一种说理框架的一部分，这种说理框架可以给更极端的信仰提供合法性。激进主义需要温和的宗教，因为没有它，激进主义危险而无义的本来面目就会被识破。我觉得上述说法有合理的地方，但我也担心这样的说法会被用于所有信仰，而不管它们采取的到底是温和的形式，还是极端的形式。例如，厌恶女性的人试图通过男女之间存在差异的证据，以及对这种差异的重要性的夸大，来说明自己信念的合法性。但厌恶女性与相信某些性别差异的存在并不是一回事，由于后者与前者的联系而反对后者，就把合理的信念与盲目的偏见混淆了。

我不相信有什么有力的证据能够说明宗教在本质上具有特别的有害性。我也不认为坚定地相信宗教的虚假性就足以说明对宗教抱有敌意是有道理的。从根本上说，我对战斗无神论的反对是基于我所坚守的价值观，而我认为无神论背后正是这些价值观，即对真理和理性探求的包容性的坚持。把这个态度称作价值观是合理的，因为它不仅表达了什么是正确的，而且说明了我们所看重的东西。对他人信仰的敌意加之对自己信仰的顽固信念，我觉得，正是上述价值观的反面。理性和论据不仅是赢得拥趸的工具，更是需要参与的过程。与他人一起参与这样的过程，我们需要对他们的不同观点保持开放包容的心态。如果把理性和论据看作摧毁宗教信仰大厦的攻城槌，我们就不可能很好地参与这种过程。

结语

伯兰特·罗素的《为什么我不是基督徒》是一部伟大的无神论作品。我很喜欢读这本书，但觉得如果罗素针对的读者是基督徒的话，他会彻底失败。我希望在这一章中我已经解释了其中的原因。我们可以给出有力的论证，反对宗教信仰，我们也可以说明支持宗教信仰的传统论据十分薄弱，我们甚至可以解释信仰通常如何取决于个人信念，而个人信念是一种不可靠的知识来源。但用这些论据说服他人成为无神论者的问题是，宗教信徒通常并不接受这些论据的基本假设。他们的起点不同。
无神论者的起点可能是基本的逻辑规律，比如一件事不可能同 106
时存在又不存在的原则。但信徒通常的起点是对上帝存在的信念，这比逻辑学家对自己首要原则的笃信还要坚定。这个信念会战胜一切理性。

因此，我们能做的只是告诉那些可能认为自己的信仰具有理性基础的信徒们，在这一点上他们是错的。换句话说，我们可以迫使他们在冒着风险，坚守信念，把理性局限于护教学的做法，与完全放弃宗教信仰之间做出抉择。我觉得选择第二条道路的人会比较少。但随着这样做的人增多，宗教信仰由父母、老师和教会传递给后代的可能性会越来越小，因此理性的力量可以在总体上发挥作用。宗教的浪潮会退去，但并不是凭借无神论者的大肆谴责，而是凭借安静的理性之声渐渐地被更多人
倾听。 107

第七章

结语

也许下一次

像这样的一本小册子会无可避免地遗漏很多东西。虽然我不想对这样的遗漏致歉，但应该指出探究无神论的读者可能会继续深入了解的一些其他思路和方向。

首先，我没有花太多篇幅讨论过去某些具体的伟大思想家的思想。这是因为，我想集中介绍最具普遍效力和说服力的论据，而不是某个思想家的具体言语。对那些对伟人看法感兴趣的人来说，大卫·休谟、弗雷德里希·尼采、西格蒙德·弗洛伊德、伯兰特·罗素、让-保罗·萨特和阿尔贝·加缪的作品值得一读。“参考文献与深入阅读”部分列出了一些阅读建议。

其次，对有神论信仰的某些精深辩护，我并没有进行讨论。原因很简单，我不想在本书中详细讨论宗教的缺点，而想让它成为对无神论优势的严格答辩。那些对现在最好的宗教论据感兴趣的人，基督教哲学家阿尔文·普兰丁格的作品很有裨益，也可以阅读唐·库皮特的非实在论神学作品。库皮特既受到基督徒的攻击，也遭到无神论者的驳斥，他们都认为他在内心深处是一位无神论者，而且他应该承认这一点。但我认为他试图从宗教 108
信仰的残骸中挽救出一些东西的举动值得敬佩，对宗教信徒和无神论者都有教育意义。

本书没有详细论及的另一个主题是科学对宗教信仰的挑战的具体性质。我集中讨论了更为宽泛、更为正面的论题：自然主义如何支撑无神论。我也觉得科学与宗教的关系的话题有点俗套了，已经被讨论了太多次。

驳斥宗教的第四条思路所涉及的论断是宗教信仰完全荒谬或自相矛盾，我也避开了这一点，而是集中探讨肯定性的东西。20世纪初，这样的论据在逻辑实证主义者那里十分流行，并由于哲学家A. J. 艾耶尔的工作而受到英国公众的关注。然而，逻辑实证主义的光辉已经淡去，我也不认为与宗教信徒交流的最好方式是首先认定他们的信仰不仅虚假，而且胡话连篇。

人本主义

我在本书中所倡导的肯定性无神论有时被称为人本主义。人本主义者，在其宽泛的意义上，就是信仰有意义的、道德的生活的无神论者。不过我选择了更一般性的术语，无神论者，这有几层原因。首先，人本主义比较模糊，比如说有人把自己称为基督教人本主义者。其次，人本主义者并不是多数无神论者的自我称呼。这有几种解释。首要的原因是，由于大多数发达国家中都有人本主义协会，一些人就认为成为一名人本主义者就像成为一个准宗教组织的成员一样。所以，如果他们不是本国人

本主义协会的会员，他们就不是人本主义者。我认为这是错的，
109 但作为一种社会学事实，人本主义组织的存在的确带来了这样的结果：这些组织已经成为自称人本主义者之人的主要身份特征。

人们避免使用这个术语的另一个原因是，有这么一种具体的人本主义恰好代表了一种非常具体的无神论。这种人本主义强调“人”的方面，其基本理念是人类具有优越性，期望歌颂并进一步弘扬这个物种的优势。很多无神论者和其他类型的人本主义者都不认同这一点，因为他们觉得没有任何理由去赞美**智人**或使这个物种成为中心议题。相反，我们关心的是个体生命，也可能包括其他具有复杂意识的物种的福祉。在整个人本主义运动中，人们一直在争论我们应该给予其他动物多少关切，所以认为所有人本主义者都持人类中心主义观点的看法是错误的。不过，由于某些人本主义分支的关注总以某个物种为中心，所以有些人就很忌讳把自己叫作人本主义者。

我不太在意我们用怎样的标签，对我来说肯定性的无神论者和人本主义者（humanist，h小写）是相互关联的。虽然用“人本主义者”这个术语更可能带来混淆，但的确应该指出本书所描述的无神论是人本主义的一种形式。

回到黑暗面

我在本书的开头首先谈论了无神论有些阴森的可怕形象。在很多方面，本书的全部目的都是为了消除这个形象。然而，当本书行将结束之时，我们需要承认无神论的确保留了某些黑暗的遗迹，但这里的原因不同。

历史上的很多无神论者都把自己的信仰看成一种成长。比如说弗洛伊德，他把宗教信仰看成是人类向童年的回归。有了 110
宗教，我们就还像孩童一样，相信在这个世界上我们会得到慈爱父母的保护，他们会照看我们。在犹太-基督教传统中上帝被称作圣父，这并不是巧合。

无神论抛弃了这种孩童般幼稚的幻想，接受我们必须在这个世界独自闯荡的现实。不存在会一直保护我们且拥有无可置疑的良善的神性父母。相反，这个世界是一个庞大且让人恐惧的地方，但同时也提供机会，让我们走出去，创造自己的生活。

失去孩童的纯洁是一把双刃剑。有值得惋惜的地方，也有使我们感到惶恐之处。无神论信仰体系因此会有些黑暗的印记，这与这种纯洁的丧失相近。但这也是有意义的成年生活的前提。同样，除非我们弃绝幼稚的超自然世界观，否则我们就无法正确面对我们自己作为有限的、终将逝去的生命的本质。无神论正是一种让我们前进、把握生命提供给我们的机会的思想，同时它抛弃了令人安心的幻想，带来了失败的危险。

这种现实主义意味着无神论永远不可能是一种纯粹、正面的欢欣形象。在真实的生活中，总要接受起起落落、风风雨雨，有失败的可能，也有成功的雄心。无神论展现了人类本质的真相，因为它承认这一切，并不打算把我们置于神话和迷信的护佑
之下。 111

索 引

（条目后的数字为原文页码，见本书边码）

A

B

C

D

E

F

G

H

I

K

L

M

N

O

P

Q

R

Julian Baggini

ATHEISM

A Very Short Introduction

Contents

Preface

It has been a pleasure and a privilege to write this book for the (until now at least) excellent Very Short Introductions series. In keeping with the ethos of this series I have aimed to keep the book readable and enjoyable, avoiding academic dryness, whilst at the same time endeavouring to maintain a high standard of intellectual rigour and integrity. It is for others to judge whether I have succeeded.

To avoid scholastic sterility, I have not followed strict academic conventions of referencing and footnotes. Instead, I have listed at the end of the book my main sources along with suggestions for further reading. I hope that these provide sufficient credit to the many writers and thinkers whose ideas have informed this work.

This book is intended for a variety of different readers, including atheists looking for a systematic defence and explanation of their position, agnostics who think that they might be atheists after all, and religious believers who have a sincere desire to understand what atheism is all about. The guiding idea has been to produce a book which atheists will be able to give to their friends by way of explanation for their beliefs, after having used it themselves to help organize their thoughts.

There are many people to thank for their contributions to making this book happen. Primarily, they are Marilyn Mason for her initial suggestion that I might give it a go, Shelly Cox for commissioning it, and Katharine Reeve and Emma Simmons for seeing it through to publication. Marsha Filion deserves special mention for fighting the flab in the penultimate draft. Colleagues in the Humanist Philosophers' Group have also helped enrich my understanding of positive atheism over recent years. I would also like to thank David Nash and Roger Griffin for their advice on reading for the history chapter.

List of illustrations

The publisher and the author apologize for any errors or omissions in the above list. If contacted they will be pleased to rectify these at the earliest opportunity.

Chapter 1
What is atheism?

A walk on the dark side?

When I was a child I attended a Roman Catholic primary school. It would serve the cause of militant atheism well if I could report beatings by nuns and fondlings in the sacristy by randy priests, but neither gaudy tale would be true. On the contrary, I was raised in what could be seen as a gentle, benign religious environment. Neither of my parents were Bible-thumpers and none of my teachers was anything other than kind. I do not feel I bear any deep scars brought on by the mild form of indoctrination practised there, where beliefs were instilled by constant repetition and reinforcement rather than any overt coercion. Indeed, in many ways the power the Church exerted over me was very weak. When I moved to a non-Catholic secondary school I soon moved over to Methodism, and by the time I left school I had given up religious belief altogether. I had become an atheist, a person who believes there is no God or gods.

Yet even this mild form of religious upbringing has had some long-term effects. Back when I was at primary school, the very word 'atheist' would conjure up dark images of something sinister, evil, and threatening. Belief in God and obedience to his will was constitutive of our conception of goodness, and therefore any belief that rejected God was by definition opposed to the good. Atheists could only belong to the dark side.

Of course, now I do not subscribe to any of the beliefs that form part of this bleak view of atheism and its dangers. Goodness and belief in God are, to my mind, entirely separate and atheism is, properly understood, a positive world view. Yet when I think of the word 'atheist', something of the dark smudge my Catholic mentors smeared over it remains. On an emotional level, they succeeded in forging an association between atheism and the sinister, the negative, and the evil. This stain is now but a residue, hardly noticeable to my conscious mind. But it cannot be entirely removed, and my attention is often involuntarily drawn towards it, as the eye is to a barely perceptible flaw that, once noticed, cannot be forgotten.

My experience could be unusual and in its details perhaps there are few who will hear echoes of their own lives. However, I believe there is one respect in which my experience is not at all unusual. We human beings often claim that it is our ability to think which distinguishes us from other animals. We are *homo sapiens* – thinking hominids – our capacity to reason our distinctive and highest feature. Yet we are not purely rational. It is not just that we are often in the grip of irrational or non-rational forces and desires, it is that our thinking is itself infused with emotion. These feelings shape our thought, often without us realizing it.

The reason I draw attention to this fact is that this book is almost entirely about the rational case for atheism. For this I make no apologies. If we are to make the case for any point of view, the best way to do so is always to appeal to reasons and arguments that can command the widest possible support. However, I am also aware that we do not approach such rational discussions with blank, open minds. We come to them with prejudices, fears, and commitments. Some of these are not founded on reason and that confers on them a certain immunity to the power of rational argumentation. So it is with atheism, on which few readers will have a neutral outlook. It is my guess that many readers, even those who have rejected religion, will have more negative associations for atheism than positive ones.

This is important, because such associations can interfere with clear thinking, leading us to prejudge issues and reject arguments without good grounds. If you have a deep-rooted image of atheists as miserable, pessimistic amoralists, then rational arguments to the contrary may encounter deep psychological resistance.

The grip such feelings have on us can be strong, and we cannot simply will them away. But we can try to become aware of them and compensate for them. In this book I try to show that atheism is, in several respects, not as people think it is. To allow my case as fair a hearing as possible, I would ask that you try to put aside any dark preconceptions you may have about godlessness and try to judge my arguments on their merits.

Atheism defined

Atheism is in fact extremely simple to define: it is the belief that there is no God or gods. (Henceforth I shall talk simply of belief in God, but the arguments of this book apply equally to monotheistic and polytheistic beliefs.) However, many people think that atheists believe there is no God *and* no morality; or no God *and* no meaning to life; or again no God *and* no human goodness. As we shall see later, there is nothing to stop atheists believing in morality, a meaning for life, or human goodness. Atheism is only intrinsically negative when it comes to belief about God. It is as capable of a positive view of other aspects of life as any other belief.

There is one respect, however, in which the negativity of the atheist's belief does extend beyond God's existence. The atheist's rejection of belief in God is usually accompanied by a broader rejection of any supernatural or transcendental reality. For example, an atheist does not usually believe in the existence of immortal souls, life after death, ghosts, or supernatural powers. Although strictly speaking an atheist could believe in any of these things and still remain an atheist, for reasons that will become clearer, the arguments and ideas that sustain atheism tend naturally to rule out other beliefs in the supernatural or transcendental.

Atheism contrasts not only with theism and other forms of belief in God, but also with agnosticism – the suspension of belief or disbelief in God. The agnostic claims we cannot know whether God exists and so the only rational option is to reserve judgement. For the agnostic, both the theist and the atheist go too far, in affirming or denying God's existence respectively – we just don't have sufficient evidence or arguments to justify either position. The question of whether people who have no positive belief in God should be agnostics or atheists is an important one, perhaps as important as the question of whether one should positively believe in God or not, and I will discuss it in more detail in the next chapter.

Atheism, naturalism, and physicalism

Another problem with atheism's image as an essentially negative belief system is that many assume atheists are simple physicalists (sometimes called materialists). Crude physicalism asserts that the only things that exist are material objects. A slightly less crude version is that only the objects of the physical sciences – physics, chemistry, and biology – exist. The importance of this alternative formulation is that some of the fundamental forces of physics don't seem to be 'material objects' in the everyday sense of the word, yet a physicalist would not deny that they exist.

Most atheists are physicalists only in one rather general sense. That is to say, their atheism is motivated at least in part by their naturalism, a belief that there is only the natural world and not any supernatural one. We should call this 'naturalism-with-a-small-n' to distinguish it from certain versions of philosophical Naturalism which may make stronger and more specific claims. It will be my claim that this form of naturalism lies at the core of atheism.

This kind of naturalism fits comfortably with a form of physicalism which combines the naturalist claims about the world with the further claim that this world is essentially physical in nature. However, since physicalism does require this further claim it cannot be assumed that naturalist atheists must also be physicalists. Even when they are, we have to understand that the phrase 'essentially physical in nature' can be understood in various ways with very different implications.

One way of understanding this claim is to say that it is about substances: the 'stuff' out of which all things are made. This brand of physicalism asserts that the only kind of stuff is physical stuff: there are no non-physical souls, spirits, or ideas. This is a version of physicalism that many, probably most, atheists can sign up to.

However, there is a stronger view, called eliminative materialism. On this view, not only is it true that the only kind of stuff is physical stuff, it is also true that anything that isn't physical stuff doesn't really exist. So, for example, there is no such thing as a thought or an idea. Eliminative materialism is hard to swallow because it requires us to deny the existence of many things it seems we must believe in. How, for instance, are we to deny that minds exist when the fact that we have minds ourselves seems to be such a central feature of our very existence?

Many critics of atheism seem to assume that atheists are physicalists (as a matter of fact mostly true) and that physicalism is the same as eliminative materialism (logically false). They therefore use the apparent absurdity of eliminative materialism as a *reductio ad absurdam* of atheist belief. Put crudely, the atheist is portrayed as a kind of nihilist, who not only denies the existence of God, but also denies the existence of anything other than physical objects. Such an impoverished existence has little to recommend it.

But physicalism does not necessarily entail eliminative materialism. All physicalism says is that the only kind of stuff is physical stuff. That does not mean, for example, that minds do not exist. All it means is that minds, whatever they are, are not lumps of stuff. To think that they are is to make what Gilbert Ryle termed a 'category mistake'. The mistake is to think of mind and matter as two different varieties of the one category, 'stuff'. That is false. In my head there are not two different kinds of stuff – mental (my mind) and physical (my brain) – which somehow work alongside one other. Rather, for the physicalist, there is only one lump of stuff in my head, which is my brain. It is true, in one very important sense, to say I have a mind, in that I am capable of thought or consciousness. However, I make a mistake if I think that the statement 'I have a mind' entails that 'I am in part constituted by a mental, non-material substance'.

If this seems a little difficult to get a grip on, just consider love. No one thinks that love is a special kind of substance – that there is physical stuff and love-stuff. Nor does anyone think that love is some kind of physical object. Yet many people believe in love, feel love, give love, and so on. Love is real but it is not a substance. If we have no problem with this thought, why do we have a problem with the idea that minds are real but are not a special kind of mental substance? Many things are real that are not things in the sense of being lumps of stuff, and there is no great metaphysical mystery about that.

These are philosophically deep waters which we can but dip our toes into here. For the moment, I just want to stress that the atheist is not a crude denier of all that is not physical, if by 'physical' we mean a physical substance. What most atheists do believe is that although there is only one kind of stuff in the universe and it is physical, out of this stuff come minds, beauty, emotions, moral values – in short the full gamut of phenomena that gives richness to human life.

It should be remembered that most atheism is rooted not in the specific claims of physicalism but the broader claims of naturalism. All we need to remember is that the natural world is home to consciousness, emotion, and beauty and not just atoms and fundamental physical forces. Once more, the moral of the story is that the atheist denies the existence of God, but is not by nature a denier period.

A positive case for atheism

My main aim in this book is to provide a positive case for atheism, one that is not simply about rubbishing religious belief. In other words, I hope it will be as much about why one should be an atheist as why one should *not* be a theist. Many critics of atheism will say that this is not possible, since atheism is parasitic on religion. This is evident in its very name – atheism is a-theism: the negation of theistic belief. Hence atheism is by its very nature negative and relies for its existence on the religious beliefs it rejects.

I think this view is profoundly mistaken. Its initial plausibility is based on a very crude piece of flawed reasoning we can call the etymological fallacy. This is the mistake of thinking that one can best understand what a word means by understanding its origin. But this is evidently not always true. For example, the etymology of 'philosophy' is the Greek for 'love of wisdom'. Yet one cannot really understand what philosophy means today simply by knowing this etymological fact. Likewise, if you go into an Italian restaurant knowing only that 'tagliatelle' literally means 'little boot laces', you won't have much idea what you're going to end up eating if you order it. So the mere fact that the word 'atheist' is constructed as a negation of theism is not enough to show that it is essentially negative.

Etymology aside, we can see how casting atheism in a negative light is no more than a historical accident. Consider this story, which begins as fact and ends as fiction.

In Scotland there is a deep lake called Loch Ness. Many people in Scotland – almost certainly the majority – believe that the lake is like other lochs in the country. Their beliefs about the lake are what we might call normal. But that is not to say they have no particular beliefs. It's just that the beliefs they have are so ordinary that they do not require elucidation. They believe that the lake is a natural phenomenon of a certain size, that certain fish live in it, and so on.

However, some people believe that the loch contains a strange creature, known as the Loch Ness Monster. Many claim to have seen it, although no firm evidence of its existence has ever been presented. So far our story is simple fact. Now imagine how the story could develop.

The number of believers in the monster starts to grow. Soon, a word is coined to describe them: they are part-mockingly called 'Nessies'. (Many names of religions started as mocking nicknames: Methodist, Quaker, and even Christian all started out this way.) However, the number of Nessies continues to increase and the name ceases to become a joke. Despite the fact that the evidence for the monster's existence is still lacking, soon being a Nessie is the norm and it is the people previously thought of as normal who are in the minority. They soon get their own name, 'Anessies' – those who don't believe in the monster.

Is it true to say that the beliefs of Anessies are parasitic on those of the Nessies? That can't be true, because the Anessies' beliefs pre-date those of the Nessies. The key point is not one of chronology, however. The key is that the Anessies would believe exactly the same as they do now even if Nessies had never existed. What the rise of the Nessies did was to give a name to a set of beliefs that had always existed but which was considered so unexceptional that it required no special label.

The moral of the story should be clear. Atheists subscribe to a certain world view that includes numerous beliefs about the world

1. Are people who don't believe in this creature just being negative?

and what is in it. Theists say that there is something else that also exists – God. If theists did not exist, atheists still would, but perhaps there would be no special name for them. But since theism has become so dominant in our world, with so many people believing in God or gods, atheism has come to be defined in contrast to theism. That makes it no more parasitic on religion than the beliefs of the Anessies are parasitic on those of the Nessies.

The absurdity of saying that atheism is parasitic on religious belief is perhaps made most clear by considering what would happen if everyone ceased to believe in God. If atheism were parasitic on religion, then surely it could not exist without religion. But in this imagined scenario, what we would have would not be the end of atheism but its triumph. Atheism no more needs religion than atheists do.

Honk if you're an atheist

In summary, the aim of this book is to provide a positive view of atheism, one which does not make the mistake of thinking that atheism can only exist as a parasitic rival to theism, or that atheism is essentially negative about a whole range of beliefs other than those concerning God's existence. Atheism is not essentially negative in either of these senses. Atheists can be indifferent rather than hostile to religious belief. They can be more sensitive to aesthetic experience, more moral, or more attuned to natural beauty than many theists. There is no more reason for them to be pessimistic or depressive than there is for the religious to be so.

However, I would not want to fall into the trap of trying so hard to correct preconceptions that I end up painting an unduly rosy picture of atheism. Most atheists see themselves as realists – their atheism is a part of their willingness to square up to the world as it is and face it without recourse to superstition or comforting fictions about a life to come or a benevolent power looking after us. Being such realists requires us to accept that much of what goes on in this world is unpleasant. Bad things happen, people have miserable lives, and you never know when blind luck (not fate) might intervene to change your own life, for the better or for the worse.

Because of this, atheists tend to find relentless, blind cheeriness anathema. There is a bleak humour for the atheist in evangelical Christians with their bumper stickers asking you to 'honk if you love Jesus'. What is both comic and depressing about the sticker is that it reflects the cheering self-assuredness of believers who need only remind themselves of their religious belief to feel that little bit better about the world. The crass simplicity of this world view can be darkly comic, in that it throws into relief how easy it is for humans to give in to comforting idiocy.

Happy-clappy atheism is just as objectionable, but fortunately atheism's inherent realism provides, on the whole, a kind of immunity to it. That's why you won't see a 'honk if you're an atheist' bumper sticker, at least not an unironic one. However, when seeking to overturn the negative caricature of atheism that is so prevalent, it is tempting to overemphasize how positive it can be. The truth is that there is no *a priori* link between being an atheist and having a positive or negative outlook. In arguing that atheism need not be negative and can be positive, I am not claiming that becoming an atheist is a passport to happiness. Fulfilment in this life is harder work than that, and it is a mark of atheism's realism and optimism that an acceptance of this sober truth still leaves fulfilment within our reach.

Chapter 2
The case for atheism

How to make a case for anything

In this chapter I set out to make a case for atheism. Before I do so, however, I want to say a few words about the whole business of making a case for any particular point of view. This is needed because unless we have some kind of idea about what in general makes a good case for something we have little chance of assessing any particular case.

In the broadest possible terms, one can make a case by a combination of argument, evidence, and rhetoric. Arguments can be good or bad and come in various varieties, as we shall shortly see. Evidence too can be strong or weak. Rhetoric is here the odd man out because good rhetoric does not make a better case, it merely makes it more persuasive. Rhetoric is simply the use of language to persuade, and it can be used to persuade us of falsehoods as well as truths.

Religious preachers and politicians have traditionally been good at rhetoric. Jesus, for instance, is reputed to have said 'He who is not with me is against me' (Matthew, 12:30), a rhetorical ploy picked up by George W. Bush 2,000 years later when he declared countries were either 'with us or with the terrorists'. This is pure rhetoric because, although potentially persuasive, it has no basis in fact or logic. It is simply not true that a person who is not for Bush or Jesus must be against them. One can be undecided, or not convinced enough to give them full support but sympathetic enough not to turn against them. But in making the choice seem stark, Bush and Jesus both hoped to persuade people to come off the fence and back them: 'Well I'm not against them, so therefore I should really just come out and support them.'

In what follows I want to avoid pure rhetoric and expose it when it used against atheism. But for the most part I want to focus on the genuine components of a good case for atheism: evidence and argument.

Evidence

In ordinary speech we appeal to all kinds of evidence: 'I heard it on the news', 'I saw it with my own eyes', 'In tests eight out of ten cats said their owners preferred it'.

The problem is, of course, that not all evidence is good evidence. What makes good evidence is a big issue, but the key general principle is that evidence is stronger if it is available to inspection by more people on repeated occasions; and worse if it is confined to the testimony of a small number of people on limited occasions. We can see how this principle works by considering two extreme examples. The evidence that water freezes at zero degrees centigrade is an example of the best kind of evidence. In principle, anyone can test this out at any time for themselves and each test makes the evidence more compelling.

Now consider the other extreme, often called anecdotal evidence because it relies upon the testimony of a single person relating one incident. Someone claims that they saw their dog spontaneously combust right before their very eyes. Is this good evidence for the existence of spontaneous canine combustion? Not at all, for various reasons. First, as the Scottish philosopher David Hume pointed out, the evidence has to be balanced against the much larger amount of evidence that dogs don't just burst into flames. Hume's point is not that the testimony of this one person isn't evidence at all. It is rather that it is insignificant when we compare it to all the other evidence we have that spontaneous canine combustion does not take place.

A second reason why it is not good evidence is that, sadly, human beings are not very good at interpreting their experiences, especially unusual ones. Take as a simple example the experience of seeing an illusionist who pretends to have real powers bending a metal spoon without apparently exerting any physical force. You will hear people persuaded by such experiments say that they 'saw the person bend the spoon with their thoughts'. Of course they saw no such thing, not least because they could not see the illusionist's thoughts, which means they couldn't have seen the thoughts bend the metal. What they saw was a spoon bend, while they did not see any physical force being exerted upon it, that's all. Everything else is interpretation.

To say this is not to call the witness a liar or a fool. They are neither. They did not lie, they were just mistaken, and they are not fools but victims of clever tricksters.

We can see how the merits of these two extremes of evidence compare by considering how we show anecdotal evidence to be weak. In the case of spontaneous canine combustion, the failure of the episode to ever be repeated is one reason why we take the anecdotal evidence for its occurrence to be weak. If dogs did burst into flames for no apparent reason quite regularly, then the evidence would be stronger: stronger because it is available to inspection by more people on repeated occasions.

We can be similarly sceptical about the strength of evidence for spoon-bending because when the 'powers' of the spoon-bender are tested in a situation in which the phenomenon can be observed in laboratory conditions, no such powers are displayed. Again, it

2. To cut a person in half requires only the creation of an illusion; bending a spoon, however, apparently requires real psychic power. Are you persuaded?

seems that the evidence is such that it is not open to the kind of ordinary inspection that the freezing of water is.

What I want to suggest is that all the strong evidence tells in favour of atheism, and only weak evidence tells against it. In any ordinary case, this would be enough to establish that atheism is true. The situation is comparable to that of water freezing at zero degrees centigrade: all the strong evidence suggests it does. Only the weak evidence of anecdote, myth, hearsay, and illusionists tells against it.

Absence and evidence

If we fall into the error of seeing atheism purely as an opposition to theism, we might think that the evidence for atheism comprises the evidence against the existence of God. However, as we saw in Chapter 1, atheism is essentially a form of naturalism and so its main evidential base is the evidence for naturalism. This is only evidence against God's existence in a negative sense: that is to say, evidence for God's existence will be found to be lacking and so we will be left with no reason to suppose he exists.

This kind of argument does not satisfy many people who appeal to the principle that 'absence of evidence is not evidence of absence'. Things are not quite as simple, however, as this slogan makes out. Consider the simple question of whether there is any butter in my fridge. If we don't open the door and have a look inside, there will be an absence of evidence for the butter being there, but this would not add up to evidence of its absence. If we look inside the fridge, thoroughly examine it, and don't find any butter, then we have an absence of evidence which really does add up to evidence of absence. Indeed, it is hard to see what other evidence there could be for something *not* being there other than the failure to find any evidence that it *is* there. Something which does not exist leaves no mark, so it can only be an absence of marks of its existence that can provide evidence for its non-existence.

The difference between the absence of evidence when we don't look in the fridge and the absence once we have looked is simple: the former is an absence due to a failure to look where evidence might be found; the latter is an absence due to a failure to find evidence where it would be found, if the thing being looked for actually existed. The latter kind of absence of evidence really is strong evidence for absence. Think about it: the strongest evidence that, for example, there is no elephant in your fridge is that you find no signs of one when you open the fridge door.

So the evidence for atheism is to be found in the fact that there is a plethora of evidence for the truth of naturalism and an absence of evidence for anything else. 'Anything else' of course includes God, but it also includes goblins, hobbits, and truly everlasting gobstoppers. There is nothing special about God in this sense. God is just one of the things that atheists don't believe in, it just happens to be the thing that, for historical reasons, gave them their name.

Evidence for atheism

We are now in a position to look at what the evidence for naturalism, and hence for atheism, is. The claim I would make is that all the strong evidence points to the truth of atheism and only weak evidence counts against it. This may seem like a strong claim but I really do think it is justified.

Consider one of the biggest questions where the evidence has something to contribute: the nature of persons. The atheist's naturalism consists in the view that a human being is a biological animal rather than some kind of embodied spiritual soul, as many religious believers think. This is really rather a minimal claim which offers several alternative ways forward. For instance, some claim that humans are just animals like any other and that humans are not in any sense special or different from other beasts. Others, however, while believing that humans are biological animals, claim that our capacities for consciousness and rational thought make us essentially different from other animals. This idea of 'human exceptionalism' has traditionally been a strong thread in atheist humanism.

The point here is not to resolve the dispute, but merely to say that both atheist exceptionalists and their atheist critics are united in the view that, whatever people are, they are first and foremost mortal creatures who do not have immortal, spiritual souls. What is the evidence for this claim? Consider the strong evidence first. The strong evidence about humans all points to their biological nature. For example, consciousness remains in many ways a mystery. But all we do know about it with any certainty points to the fact that it is a product of brain activity and that with no brain, there is no consciousness. In fact, this is so startlingly obvious that it is astonishing that anyone can really doubt it. The data of neurology show that all the diverse experiences which we associate with consciousness correlate with particular patterns of brain activity.

The key word here is, of course, 'correlate'. To say brain events and conscious experiences correlate is only to say that one always accompanies the other. That is not to say one causes the other. Night follows day, for instance, but it is not caused by day. But while it is true that a correlation does not necessarily indicate a cause, in the case of brains and consciousness the link is at least one of dependency. That is to say, if you inhibit or damage an area of the brain that is correlated with a particular form of conscious activity, that conscious activity will cease. (More bizarrely, if you stimulate certain areas of the brain you can sometimes induce involuntary conscious activity. For instance, by stimulating the area of the brain associated with humour, you can make someone find anything hilarious.) And although we cannot look into the minds of others, when their brains cease functioning they certainly stop displaying all the signs of conscious life.

If any one thing distinguishes us as individual persons then that must be our capacity for consciousness and rational thought. And if this capacity is entirely dependent on our organic brains, as the strong evidence suggests, then the atheist view that we are mortal, biological organisms is well supported.

For many atheists, that particular issue can be considered settled here, since the evidence is just so overwhelming that we are the mortal creatures they claim. But non-atheists are likely at this point to make two counter-objections. One is to claim that the atheist is too sure of themselves, since there is much they simply cannot know about consciousness and its dependency on brains. The other is to point to supposed counter-evidence.

If we consider the counter-evidence first we will find that it is all of the extremely weak variety. If we were to make a list of the evidence that consciousness can continue beyond the death of the brain, we would have to include evidence such as the testimony of mediums, supposed appearances of ghosts, and near-death experiences. There really isn't any stronger evidence since no dead person has ever been able to communicate with the living so freely as to present good evidence that they exist.

All these forms of evidence are extremely weak. Mediums are unreliable. It is true that some individuals are convinced that they have been contacted by loved ones via mediums. However, such personal convictions cannot make for good evidence. People have many deep emotional needs that can contribute to a willingness to believe which in normal circumstances might be considered gullibility, but in the case of bereavement really deserves a more sympathetic name. And the fact is that no medium has ever been able to tell us something that proves beyond reasonable doubt that they are party to information from the 'spirit world'. Ghosts are even less convincing, and near-death experiences also fail to provide any good evidence that we can survive death. Even their name – *near-death* experiences – points to that.

The non-atheist at this point is likely to retort with a number of pieces of evidence to which they think the atheist cannot reply. What about the medium who led people to the body of a murdered child, information no one living could possibly have? Why do the police use mediums if they are unreliable? How do you explain how the medium told the widow something only her dead husband could possibly have known?

In demanding that the atheist provide a case-by-case rebuttal of all alleged evidence for life after death, the non-atheist is making an unfair demand. It is just impossible for anyone to assess all the individual claims that are made. But the pattern of the atheist's justification does not require this bit-by-bit demolition. Rather, they can respond by appeal to general principles.

The first general point that should be made is that, on closer inspection, almost all of these alleged pieces of evidence turn out to be much weaker than they are. As David Hume pointed out, we have a natural tendency to be bewitched by wonder and mystery, which gives us a strong desire to believe tales of the extraordinary. The atheist can justly say that, when in all the instances into which they do look further they find the evidence not as it at first seems, they are justified in assuming all similar cases to be equally weak unless proven otherwise. Hence the onus is on the non-atheist, not to demand an explanation from the atheist, but to make a case that is more than just a repetition of hearsay.

But the second response is even more important. All the evidence for life after death that is presented is of the weak variety. None of these so-called cases of communication with the dead have left us with anything approaching the kind of generally observable, verifiable data that is characteristic of strong evidence. So the question for the non-atheist must be, why do they think that a few pieces of such weak evidence for life after death will suffice to outweigh the mountain of strong evidence for the mortality of human consciousness? If the evidence for life after death were of the strong variety, its relative rareness might not matter. If, for instance, a person were to stand before a room of people, kill and burn themselves and then continue to talk to them, and be talked back to, then and afterwards, that single survival of death alone would be enough to make the atheist reconsider their belief in human mortality. But none of the evidence for life after death even approaches this strength. It smacks of wishful thinking and self-delusion when people are prepared to place more importance on anecdotal weak evidence than they are on strong evidence for our mortality.

This is why even the rare examples of genuinely puzzling evidence for life after death do not clinch it for the non-atheists. Let us say that in one instance (or maybe even a dozen), a medium has said something only the dead could know. The point is still that such rare, unrepeatable pieces of weak evidence are outweighed by the mass of strong evidence for the mortality of the self. Remember that every day millions of reports are made by mediums. By pure luck alone a few are bound to be uncanny. It would be foolish to consider individual examples of such 'communications' greater evidence than all we know about human mortality.

In writing this section I have a strong feeling that my arguments are powerless in the face of a strong desire for or belief in life after death. This returns us to the point about absence of evidence and evidence of absence. Just as the person with an obsessive-compulsive disorder can never be sure they have actually locked the door no matter how many times they go back to check, so the person who thinks there may be life after death can never be sure that the possibility has been ruled out for good, no matter how many times they review the evidence. The logical possibility always remains that the piece of 'killer evidence' will emerge, the strong, verifiable evidence that we are not mortal after all. This permanent possibility sustains hope and belief in those who want to believe in life after death.

The problem is that such permanent possibilities exist for many beliefs. It is possible, for instance, that tomorrow it will be revealed that you have lived all your life in a virtual reality machine; that aliens have been preparing for an invasion of Earth for the last hundred years; that the Pope is a robot; that the Apollo mission never made it to the moon and the whole landing was filmed in a studio; that the evangelical Christians were right all along and Judgement Day has arrived. But the mere possibility that such things might be true is no reason to believe them. Indeed, the fact that the evidence to date suggests strongly they are not true is good reason to disbelieve them.

This is why the claim that atheists overstep the mark in their disbelief is unjustified. People say that, since the atheist can never know for sure that there is no life after death, for example, it is foolish for them to not believe in it. At best they should suspend belief and be agnostic. (It is also interesting to note that many of the people who claim that atheists should be agnostics are themselves religious believers. Surely if they were consistent they should become agnostics themselves?)

But this policy would be reckless, since to apply it consistently you would also have to be agnostic about any issue on which there was a possibility that you could be wrong, because there is no absolute certainty and it is possible that evidence might arise to show you are wrong. But who seriously claims we should say 'I neither believe nor disbelieve that the Pope is a robot', or 'As to whether or not eating this piece of chocolate will turn me into an elephant I am completely agnostic'. In the absence of any good reasons to believe these outlandish claims, we rightly disbelieve them, we don't just suspend judgement.

Atheism and dogmatism

Many of those who claim atheists should be agnostics are guilty, I think, of confusing what I will call 'firmly held belief' with dogmatism. At the heart of the distinction between the two is the technical term 'defeasibility'. Beliefs or truth claims are said to be defeasible when the possibility remains open that they could be shown to be wrong. Beliefs or truth claims that are indefeasible are hence ones for which there is no possibility of their being shown to be wrong.

Where to draw the boundary between the defeasible and the indefeasible is a thorny philosophical issue. Traditionally, so-called analytic truths, such as the fact that 1 + 1 = 2 and that all bachelors are unmarried men – statements which appear to be true just by virtue of what they mean – have been thought to be indefeasible, while factual claims about the nature of the world have generally been held to be defeasible. Hence it is possible, however unlikely, that the sun won't rise tomorrow (so the belief that it will is defeasible), but nothing can make 1 + 1 not equal 2 (so the belief that they do is indefeasible). However, several philosophers, notably W. V. O. Quine, have held that even basic truths of mathematics are defeasible. We can't rule out the possibility that we might find reasons to say that 1 + 1 does not always equal 2.

Fortunately, we do not need to enter these deeps waters here. All we need do is borrow the idea of defeasibility to explain the difference between dogmatism and firmly held belief. To be dogmatic is basically to hold that one's beliefs are indefeasible when such a refusal to countenance the possibility of being wrong is not justified. A dogmatic atheist is therefore someone who believes that God does not exist and that there is no way that they could possibly be wrong to hold that belief. A dogmatic theist is similarly someone who believes that God exists and that there is no way that they could possibly be wrong to hold that belief. It would be fair to object to both these dogmatists that their beliefs are unjustified, since there is no way either can be so sure that they are right.

But this does not mean that they should become agnostics. All it means is that they should allow for the defeasibility of their beliefs: they just need to admit it is possible that they could be wrong. This is not agnosticism. Indeed, one can have very strongly held beliefs and still admit their defeasibility. For instance, an atheist who says that they believe there are no good reasons for being anything other than an atheist and that they themselves cannot imagine a situation arising in which they would give up their beliefs is still not being dogmatic, just as long as they acknowledge the possibility that they could be wrong. Of course, one is not truly undogmatic unless one sincerely acknowledges this possibility and doesn't just gesture towards it. As long as that sincerity is there, there is no reason why one cannot have firmly held atheist beliefs and thus follow the middle path between unwarranted agnosticism and dogmatism.

Why is this middle path so often missed? I think it is part of a collective myth, which owes its origins to philosophers such as Plato, that knowledge is either absolutely certain or it is not knowledge at all. We tend to think that the mere introduction of grounds for doubt is enough to warrant the suspension of our beliefs. If you can't be sure, don't have an opinion. But this maxim cannot be followed. We cannot be absolutely sure of anything, save perhaps for the fact of our own existence (and even then only at the time we are aware of it). So if we are not justified in believing anything we are not sure of, we would have to suspend belief about everything. This is not the right moral to draw from the truism that absolute certainty is elusive. It does not follow from the fact that we could be wrong that we have no good reasons to think we are right.

I am as opposed to dogmatic atheism as anyone, and I am also opposed to dogmatic theism. Indeed, it is my personal view that dogmatic views of any kind are in general more dangerous than the views themselves. Intelligent atheists often have much more in common with undogmatic theists than one might suppose.

Arguments to the best explanation

So far I have argued that atheism is the view best supported by the evidence of experience and that the fact that such conclusive evidence is not watertight is grounds only for rejecting dogmatic belief, not suspending belief altogether and embracing agnosticism.

Because this might still strike some people as too weak an argument, it is worth spending a little time explaining why it is, in fact, the kind of argument best suited to the question in hand. To do this we need to think about how we reason concerning any matters of fact.

The main method we have for doing this is called induction. This is when we argue from what has been observed in the past or present to reach conclusions about what hasn't been observed, in the past, present, or future. Such arguments are premised on the uniformity of nature – the idea that the laws of nature do not suddenly suspend themselves or change. Note that this is not the same as saying that nature is always predictable. That would be a foolish claim. Many events in nature are extremely unpredictable. But none of this unpredictable behaviour breaks natural laws. Freak weather is not uncaused weather.

We all of us make this assumption about the uniformity of nature, every minute of the day. Even if you are just sitting down doing nothing, you relax in the assumptions that gravity is not about to stop keeping you sitting down, that the material the chair is made of will not suddenly turn to liquid, and that the tea you're drinking won't suddenly poison you. But our reliance on the principle is not supported by strict logic. From the premise 'This is how things have always been when observed' it does not logically follow that 'This is how things always have been, are, and will be'. Hence the child who believes their toys come to life when they go to sleep but never when they awake is not making a *logical* error: no truths about what they observe when they are awake can ever provide enough evidence for a logical proof that the same happens while they are asleep.

3. A supreme act of faith, if faith is just any belief that can't be 100% proven.

Nevertheless, we believe the child is mistaken and the reason we do so is that we come to realize that we depend entirely on inductive forms of argument to make sense of the world around us. Atheists can argue that, if we apply this inductive method consistently, their own case is further supported. The evidence of experience is that we live in a world governed by natural laws, that everything that happens in it is explained by natural phenomena. It is true that some things remain unexplained, but the atheist can argue that when an explanation finally does come along for what is unexplained, that explanation is always naturalistic. Experience shows us that to be explained just is to be explained in naturalistic terms. The class of unexplained phenomena therefore is unlikely to contain anything that will come to be explained by anything supernatural.

Induction therefore supports atheists because it is a method of argument we all rely upon, whether we are atheists or religious believers. So it is not an option for non-atheists to reject the admissibility of induction. However, once we accept the inductive method, we should, to be consistent, also accept that it points towards a naturalism that supports atheism, not any kind of supernaturalism that supports theism. And the fact that inductive arguments do not give us absolute certainty is a brute fact we have to live with, since we have to live with the uncertainty of induction to function in the world at all, even just to take a seat.

There is a second type of argument which is based on evidence but which does not admit of strict proof, and this is even more important for the debate between atheist and non-atheist: abduction. Abduction is also known by its more descriptive name, 'argument to the best explanation'. Although abductive arguments draw on the inductive principle that the unobserved past, present, and future resembles the observed past and present, they are structured differently. In essence, an abductive argument examines a phenomenon or set of phenomena that has more than one possible explanation and attempts to determine which of these explanations is the best. There is no magic formula for determining which explanation is the best, but in general better explanations are simpler, more coherent, and more comprehensive than the alternatives. They are also likely to be testable in some way or have some predictive power.

Such arguments cannot be conclusive: it always remains possible that the least likely explanation turns out to be the true one. But like induction, abduction is something we cannot do without. If it fails to guarantee us a true conclusion, that is a fact we just have to live with.

When it comes to the nature of the universe and the existence of the supernatural, I think it is clear that we have to rely on abductive arguments. The reason for this is simple: there are many explanations for the way the world appears to be, and since these explanations are in conflict with each other not all of them can be true. It is wishful thinking to suppose that one or another could be proven to be the true one. To borrow a phrase from Derrida, 'If things were simple word would have got around'. So we can do no better than survey the options and decide which explanation fits the facts better.

It would be beyond the scope of this very short introduction to run through the merits of all the various explanations for why our world appears to us as it does. All I can do here is give a taster of why the atheist world view fits the bill as the best explanation.

First, it is simple in that it requires us to posit only the existence of the natural world. Alternatives also require us to posit the existence of an unobserved supernatural world. That extra dimension is not only metaphysically extravagant, it also makes the claims for the supernatural less testable than those for naturalism, since the supernatural world is by definition unobservable. It is true that there are those who would consider themselves religious and naturalistic, but I'm not sure to what extent such people really disagree with atheists.

The naturalistic world view of the atheist is also more coherent, because it has everything in the universe fitting into one scheme of being. Those who posit a supernatural realm have to explain how this realm and the natural one interact and co-exist. Such a view is by its nature more fragmented than the unified one of the atheist.

Atheism also has great explanatory power when it comes to the existence of divergent religious beliefs. The best explanation for the fact that different religious people believe different things about God and the universe throughout the world is that religion is a human construct that does not correspond to any metaphysical reality. The alternative is that many religions exist but only one (or a few) are true. It's no good saying that all religions are different paths to the same truth: the fact has to be accepted that religions flatly contradict one other, and if one were to focus simply on what all religions agree upon one would be left with very little indeed. Hindus and Christians are not worshipping the same God, not least because Hindus do not believe in one God. Christians and Muslims fundamentally disagree in that the former see Christ as the messiah and the latter do not. Given the centrality of Christ to the Christian faith, it requires a lot of fudging of doctrine to insist that Islam and Christianity are both really true.

One can take this comparison of best explanation down to specific issues. What best explains the existence of evil in the world? You can choose between the atheist hypothesis that, as evolved creatures, there should be no expectation that the world should be a good place; or the religious explanation, which requires rather a lot of sophistical reasoning to reconcile the belief that the universe was created by a loving God with the terrible suffering and injustice found within his creation.

What best explains the correlation between consciousness and brain activity? You can choose between the atheist hypothesis that consciousness is a product of brain activity or an implausible tale about how non-material thinking souls exist alongside brains and somehow interact with them, and that, further, the dependency of consciousness on brain activity miraculously disappears at death, when the soul lives on without the body.

What best explains the strength of the sex drive? You can choose between the hypothesis that it evolved because it improved the survival chances of the gene or organism and the hypothesis that God made us randy in a perverse attempt to make us more likely to sin.

Time and time again, I suggest, the better explanation for the way the world is and appears to be is that it is a natural phenomenon, and even though such explanations may not be complete, explanations that bring in a supernatural element are much less plausible and at times simply preposterous. Given that arguments to best explanation are, I have asserted, the most appropriate forms of argument concerning the fundamental nature of the world we live in, this strengthens the case for atheism.

Is atheism a faith position?

We are now in a position to reject the claim often made that atheism is just a faith position like religious belief. This is an interesting claim, because if it is a faith position 'just like' religious belief, then the religious are in no position to criticize atheists for their beliefs. Indeed, the religious should question the wisdom of this line of attack: if their own and competing beliefs are all just faith positions, then aren't we left with a kind of relativism, where there are no grounds for establishing the truth or falsity of any belief system and it is rather a case of believing 'what works for you'?

This is particularly odd since one of the gospel verses most repeated by Christians is 'I am the way, the truth, and the life. No one comes to the father except through me' (John 14:6). Jesus is not reported to have said 'I am *one* way, *one* truth, and *one* life. People can come to the father whatever way they want'. Nor did he reportedly finish his speech by saying, 'But that's just what I believe – your faith may be different'.

We can brush these issues aside, however, for the fact is that atheism just isn't a faith position. To see why, we need to ask just what makes something a matter of faith rather than reason.

When people say that atheism is a faith position, what they tend to think is that, since there is no proof for atheism, something extra – faith – is required to justify belief in it. But this is simply to misunderstand the role of proof in the justification for belief. It just isn't the case that we always need faith to bridge the gap between proof and belief.

The crux of the issue is the very fact I have stressed throughout my argument, that absolute proofs are not available for the vast majority of our beliefs, but that a lack of such proof is no grounds for the suspension of belief. This is because where we have a lack of absolute proof we can still have overwhelming evidence or one explanation which is far superior to the alternatives. When such grounds for belief are available we have no need for faith. It is not faith that justifies my belief that drinking fresh, clean water is good for me, but evidence. It is not faith that tells me it is not a good idea to jump out of the windows of tall buildings, but experience.

If we do want to say that faith is involved in examples such as these, since committing to any belief or action that is not strictly proven to be right requires faith, then we are really robbing the idea of faith of its distinctive character. If that is what faith is, then there is nothing to distinguish matters of faith from other beliefs. Everything becomes a matter of faith, except for perhaps belief in a few self-evident truths such as 1 + 1 = 2.

Some may welcome that. But apart from robbing faith of any special nature, this approach also introduces a new problem. It must allow for degrees of faith, since clearly it takes less faith to believe in the refreshing power of water than it does the healing power of Christ. But then to turn around to atheists and say that their beliefs too are 'just a matter of faith' becomes an empty objection. If everything is a matter of faith, this is a trivial fact. To make it non-trivial we need to be shown how the beliefs of atheists require *at least as much* faith as those of religious believers. And this is something that cannot be shown. This is because the atheist position is based on evidence and arguments to best explanation. The atheist believes in what she has good reason to believe in and doesn't believe in supernatural entities that there are few reasons to believe in, none of them strong. If this is a faith position then the amount of faith required is extremely small.

Contrast this with believers in the supernatural and we can see what a true faith position is. Belief in the supernatural is belief in what there is a lack of strong evidence to believe in. Indeed, sometimes it is belief in something that is contrary to the available evidence. Belief in life after death, for example, is contrary to the wealth of evidence we have that people are mortal animals.

This shows where I believe the real fault line between faith positions and ordinary beliefs lies. It is not about proof, but about beliefs that are in accord with evidence, experience, or logic and those that lack or are contrary to evidence, experience, or logic. Atheism is not a faith position because it is belief in nothing beyond which there is evidence and argument for; religious belief is a faith position because it goes beyond what there is evidence or argument for. That is why faith requires something 'special' that ordinary belief does not.

This interpretation of faith accords with the message of the two great Christian parables of faith, the stories of Abraham and doubting Thomas. Thomas was one of Jesus' disciples and he famously refused to believe that Jesus had risen from the dead, as some of Jesus' other followers had claimed. Note that he did not have faith that Jesus had died. Rather he lacked faith that he had risen from the dead. The asymmetry is due to the fact that it requires no faith to believe that to which all the evidence points, but it does require faith to believe in something which flies in the face of experience and evidence. Thomas only believes when he is shown Jesus and told to place his hands in his wounds. The moral of the story is that 'blessed are those who have not seen and yet have believed' (John 20:29). Thus Christianity endorsed the principle that it is good to believe what you have no evidence to believe, a rather convenient maxim for a belief system for which there is no good evidence.

Abraham was asked to sacrifice his only son to God, in order to test his faith. In Kierkegaard's penetrating analysis of this story, the reason why this is such a great test of faith is not because of the killing as such. After all, if God wants it, it must be good, and if you truly believe you know that you and your son will be safe in the long run. Rather, it is a test of faith because it flies in the face of everything Abraham knows about God, morality, and goodness. Reason and experience all point to the fact that God would never command such a human sacrifice. And yet it seems he has done so. Is Abraham deluded? Is God trying to test him a different way – is he supposed to defy the order and so prove his goodness? Or is it not God asking him at all, but the devil? Abraham requires faith to go ahead because what he is asked to do defies reason.

The status of atheist and religious belief are thus quite different. Only religious belief requires faith because only religious belief postulates the existence of entities which we have no good evidence to believe exist. It is a simple error to suppose that just because atheist beliefs are also 'unproven' or 'uncertain' that they too require faith. Faith does not plug the gap between reasons to believe and certain proof. Rather it is what supports beliefs that lack the ordinary support of evidence or argument. And that is why, as the traditional religious texts tell us, faith is not as easy as ordinary belief. Or, as atheists tell us, why faith is foolish.

Place your bets

One of the most curious arguments for religious belief is Pascal's wager. The wager starts with the supposition that we cannot be sure that God exists or does not exist. It concludes that in such a position of uncertainty, it is better to believe than not believe, since the risks of non-belief (eternal damnation) are greater than the risks of belief (wasting some of our time being devout); and the rewards of belief if God exists (eternal life) are greater than the rewards of non-belief (more fun on this Earth) if he does not.

The wager is rigged because no probabilities are attached to the various outcomes. Most atheists would judge that the chances that there is a God who would condemn us to hell if we refuse to worship him are so small that it is not worth taking the bet of believing in him. But perhaps a greater problem is that, with so many religions in the world, the bet still doesn't tell us which religion to follow. Indeed, might not God be more angry with those who worship in the wrong way than with those who don't worship at all?

So let's replay Pascal's wager and see what a betting person should really do. The initial question is this: let us admit the possibility that a good, all-knowing, all-loving God exists. Given this possibility, what is it that we should do? Surely the first priority for such a being must be goodness. If there is any after-life selection, then surely the main criterion must be virtue. So the best bet would be to act well. It does seem unlikely that such a God would send people to hell: after all, we know that most people who do terrible things are damaged individuals, often with terrible childhoods. Sending them to hell would seem rather cruel – a loving God would surely reform them. And reform is not best achieved by torture, as penal reformers constantly point out. So our fear of hell should be pretty small.

What about worship? It does seem pretty odd to suggest that the supreme being demands that we little people worship him. After all, God isn't insecure, is he? And with all the different religions available, it is hard to see how we could make an informed choice about the best way to worship anyway.

What about belief in him? If God exists, then he gave us our intelligence. If we use this intelligence to conclude that he doesn't exist, it would be a bit rich of him to turn around and chastise us. We could rightly plead, 'God, I used the gifts you gave to me to try and decide what was best. I concluded you didn't exist. Surely you're not going to penalize me for doing my best with the meagre intellectual instrument you gave me?'

So, if God does exist, the most likely scenario is that he cares most about our goodness, would help reform us if we were bad, and would be big enough to not really care if we don't worship him or believe in him. So if we want to make a bet as insurance against the possibility of God's existence, then we should be good, and the rest doesn't really matter. Atheist, agnostic, or believer, it is hard to see why an omnipotent deity would favour some over the others, and we risk making a big mistake if we opt for one specific kind of religious doctrine over another. The conclusion of the wager should thus be no more than E. T.'s law: 'be good'. Atheists are well poised to follow it, as we shall see in the next chapter.

Conclusion

In order to see the force of the argument for atheism it is necessary to think very carefully about the nature of arguments from experience and to the best explanation, and the difference between faith positions and ordinary beliefs. Once those issues have been cleared up, however, the case can be summarized simply. Atheism is the position which is best supported by the evidence and the one which offers the best overall explanation for why the world is as it is and appears to be. In contrast to faith positions, it does not require us to believe in anything which goes beyond reason or evidence, or indeed in anything which is contrary to them. The fact that we cannot be 100% certain that atheism is true is only grounds for not being dogmatic in our beliefs. It is not a ground for agnosticism, nor for believing that atheism is a faith position just like religious belief.

I suspect that two major questions will still be nagging believers at this stage. For all my talk of best explanations and evidence, people may still think that atheism leaves two major issues totally unexplained. One is morality. If atheism is true, then what of right and wrong? The second concerns meaning or purpose. Atheism may explain a lot, but surely it cannot explain what the meaning and purpose of life is. And if this is unexplained, atheism cannot be the best explanation of the human situation. I will address both these concerns in the next two chapters. But for now, I should point out that, even if atheism did mean the end of ethics and that there is no purpose to human life, that is not an argument against atheism. It may just be that the most honest and truthful account of the world we live in reveals that morality and meaning in life are no more than wishful thinking. Fortunately, as I will go on to show, that is not the case. But in order to think about these issues clearly, we at least have to acknowledge the possibility that there is a mismatch between what we want to be true and what is true.

Chapter 3
Atheist ethics

Laws and lawgivers

Dostoevsky's Ivan Karamazov may have said, 'Without God, anything is permitted', but I bet he never tried parking in central London on a Saturday afternoon.

This chapter is all about the truths that lie behind this joke, concerning the authority of moral law and the idea that divine authority is required to uphold it. I will argue that Ivan Karamazov was either wrong or not talking about ethics. Morality is more than possible without God, it is entirely independent of him. That means atheists are not only more than capable of leading moral lives, they may even be able to lead more moral lives than religious believers who confuse divine law and punishment with right and wrong. These conclusions run counter to much received wisdom, but the arguments that lead to them are reasonably clear and straightforward.

To begin with we need to consider why so many people think God is necessary for morality. One way in which this supposed necessity is expressed is that in order for there to be moral law there has to be some kind of lawgiver, and, ultimately, a judge. An analogy can be made with human law, which requires a legislature to make law – usually a parliament – and a judiciary to uphold it. Without these two institutions – both embodied in the moral case in God – law is impossible.

The problem with this argument is that it confuses two separate things – law and morality. Law certainly does require a legislature and judiciary. But the existence of both does not guarantee that the laws enacted and enforced will be just and good laws. One can have immoral laws as well as moral ones. What is required for just laws is for the legislature and judiciary to act within the confines of morality. Morality is thus separate from law. It is the basis upon which just laws are enacted and enforced; it is not constituted by the laws themselves.

Where then does this morality come from? It is tempting to say that moral law has its own lawgiver and judiciary. But the same questions that were asked about the law can be asked about the moral law: what is it that guarantees moral laws are indeed moral? It must be because the moral law-enactors and enforcers are acting within the confines of morality. But this then makes morality prior to any moral legislature or judiciary. To put it another way, the only thing that can show a lawgiver is moral is that their laws conform to a moral standard which is independent of the moral lawgiver. So if the lawgiver is God, God's laws will only be moral if they conform to moral principles which are independent of God.

Plato made this point extremely clearly in a dialogue called *Euthyphro*, after which the following dilemma was named. Plato's protagonist Socrates posed the question, do the gods choose what is good because it is good, or is the good good because the gods choose it? If the first option is true, that shows that the good is independent of the gods (or in a monotheistic faith, God). Good just is good and that is precisely why a good God will always choose it. But if the second option is true, then that makes the very idea of what is good arbitrary. If it is God's choosing something alone that makes it good, then what is there to stop God choosing torture, for instance, and thus making it good? This is of course absurd, but the reason why it is absurd is that we believe that torture is wrong and *that is why* God would never choose it. To recognize this, however, is to recognize that we do not need God to determine right and wrong. Torture is not wrong *just because* God does not choose it.

To my mind, the Euthyphro dilemma is a very powerful argument against the idea that God is required for morality. Indeed, it goes further and shows that God cannot be the source of morality without morality becoming something arbitrary. There are attempts to wiggle off the prongs of the dilemma's forks, but like a trapped air bubble, pushing the problem down at one point only makes it resurface at another. For instance, some think the way out of the dilemma is to say that God just is good, so the question the dilemma poses is ill-formed. If God and good are the same thing then we cannot ask whether God chooses good because it is good – the very question separates what must come together.

But the Euthyphro dilemma can be restated in another way to challenge this reply. We can ask, is God good because to be good just is to be whatever God is; or is God good because God has all the properties of goodness? If we choose the former answer we again find that goodness is arbitrary, since it would be whatever God happened to be, even if God were a sadist. So we must choose the second option: God is good because he has all the properties of goodness. But this means the properties of goodness can be specified independently of God and so the idea of goodness does not in any way depend upon the existence of God. Hence there is no reason why a denial of God's existence would necessarily entail a denial of the existence of goodness.

Right and wrong, goodness and badness, thus do not depend on the existence of God. Indeed, in order for the idea that God is good to carry any moral force, ideas of goodness need to be independent of God. Otherwise, the distinction between right and wrong becomes arbitrary.

How then do we account for the widespread belief that 'without God, anything is permitted'? I think we can trace this back to a misplaced view of morality which follows the legalistic model I outlined earlier. Our religious heritage has left us with a view of morality as a set of rules which we follow in order to be rewarded (eventually) and do not transgress in order to avoid punishment. No matter what is taught in Sunday schools about virtue's own rewards, the threats of punishment, more than promises of rewards even, have been most psychologically effective in getting people to rein in their baser instincts. To believe that God is always watching you and will punish you for any wrongdoing is a very good way of avoiding doing anything contrary to the Church's teachings.

Take away these threats, however, and what is to stop you doing something wrong? Without God, anything is permitted only in the sense that there is no divine authority who will make sure you are punished for any wrongdoing. But that is neither the end of morality nor the end of civilized behaviour. The joke about parking at the start of this chapter illustrates the point that human beings are just as able to make and enforce prohibitions as gods. Everything will be permitted only if we abandon ourselves to anarchy, and there is no reason why someone would want to do that just because they do not believe in God.

More profoundly, it is an odd morality that thinks that one can only behave ethically if one does so out of fear of punishment or promise of reward. The person who doesn't steal only because they fear they will be caught is not a moral person, merely a prudent one. The truly moral person is the one who has the opportunity to steal without being caught but still does not do so.

I have argued that morality and religious belief are separate. If I am right, then the average ethical atheist actually appears to have more moral merit than the average ethical religious believer. The reason for this is that religion, with its threat of punishment and promise of reward, introduces a non-moral incentive to be moral that is absent in atheism.

One perceived problem with a godless morality is the degree of personal choice it seems to leave the individual. If there is no single moral authority, then do we all become sovereigns of our own privatized moralities? Many find this worrying, but in fact individual choice is an inescapable part of morality whether one believes in God or not.

Morality and choice

I have already mentioned Kierkegaard's *Fear and Trembling* as a study of faith, but it is also a deep study in the inescapability of personal choice. It is this aspect of the work that is most responsible for Kierkegaard's reputation as the 'father of existentialism'. Existentialist thinkers are a pretty disparate bunch, comprising Christians, atheists, communists, fascists, free spirits. and pretty much everything in between. What unites them is a belief in the inescapability and centrality of individual choice and freedom in human life. Their message is that you are always making choices, even when you try and pretend that you have not chosen, and that these choices carry with them responsibility. For instance, I might try and avoid making a choice by asking someone else to choose for me. But this does not mean I haven't chosen, it just means my choice has moved from being directly about my final action to being about the means of making the selection. I cannot avoid my responsibility for what I go on to do: having chosen to follow the advice of someone else, I am as responsible for so doing as if I had chosen without that advice. After all, I could always choose to accept or reject the choice made for me.

Kierkegaard's retelling of the story of Abraham illustrates this point. Abraham is commanded by God to sacrifice his only son, Isaac. On the divine command model of morality – that moral law comes directly from God – it seems that Abraham has no choice: he has to obey. But it would not be a great display of Abraham's faith and goodness if he just went ahead and killed his son without any thought at all. There are at least two choices he needs to make. The first is a kind of epistemological choice: he has to decide whether the command he has received is authentic. How can anyone know that what they seem to have been told by God is really an instruction from God and not one from an inner voice or an evil demon? The problem is that no evidence or logic can settle this question conclusively. At the end of the day Abraham has to decide whether he personally is convinced or not. That is his choice.

The second choice is a moral one: does he follow the command? In a wonderful Woody Allen short story, Abraham thinks the answer to this is obvious: 'To question the Lord's word is one of the worst things a person can do.' However, when he goes ahead and takes his son to sacrifice, God is outraged that Abraham took his joke suggestion seriously. Abraham protests that at least his willingness to sacrifice his son shows he loves God. God replies that all it really proves is 'that some men will follow any order no matter how asinine as long as it comes from a resonant, well-modulated voice'.

The Allen story is a comic retelling of Kierkegaard's philosophical retelling of the Bible story, and both make many of the same points. The most striking idea is that Abraham cannot evade his moral responsibility by simply following orders. We should be alert to this since the terrible human propensity to do awful things just as long as they are commanded by someone in authority was particularly evident in the 20th century. Abraham's choice to obey the order is not just a choice to accept or reject God's authority. It is a moral choice to decide whether what he is being asked to do is right or wrong. After all, surely it would not be right to do what God commanded (assuming you were satisfied that God really had commanded it) no matter what it was. If God asked you to lower an innocent person into acid inch by inch, killing them slowly in terrible pain, would that be okay? Of course it wouldn't. Religious believers are sure that God would never ask such a thing (although the Old Testament God does ask for some pretty bloodthirsty deeds to be carried out). But the point is not that God might ask people to do such a thing, it is that the hypothetical example shows that following or rejecting a command given to you by another, even God, is a matter of personal choice which carries moral responsibility.

The atheist and the believer are therefore in the same boat. Neither can avoid choosing which moral values to follow and taking responsibility for them. The atheist has the advantage, however, of being much more aware of this fact. It is easy for the religious believer to think that they can avoid choice just by listening to the advice of their holy men (it is usually men) and sacred texts. But since adopting this attitude can lead to suicide bombing, bigotry, and other moral wrongs, it should be obvious that it does not absolve one of moral responsibility. So although the idea of individuals making moral choices for themselves may sound unpalatable to those used to thinking about morality deriving from a single authority, none of us can avoid making such choices.

Sources of morality

So far I have argued that religion and morality are separate, and that even if you still think God is the main source of moral guidance, that does not mean you can avoid making choices about which moral principles to adopt for yourself. We need to go further, however, if we are to make a persuasive case that atheist morality is possible. It is not enough to show that religion cannot be the source of morality: we need to show what can be. It is not enough to show that we have to make moral choices for ourselves: we need to show that such choices carry moral weight.

When it comes to saying what the source of morality is, however, there are no easy answers. The difficulty can be seen by considering the strangeness of the question, 'Why should I be moral?' This question can have two kinds of answer. One could provide a non-moral answer. For instance, one might say you ought to be moral because you will happier if you are or God will punish you if you are not. These are what we can call prudential reasons to be moral. The trouble is that sincerely believing in these reasons appears to undermine morality rather than support it. Acting morally because it is one's own best interest to do so does not seem to be acting morally at all. Morality is about acting in the best interests of others and oneself.

However, if we give a moral answer to the question, such as 'be moral because that's what you ought to do', we encounter the problem of circularity in our justification. Since the question is about why we ought to be moral at all, we cannot help ourselves to a moral reason as part of the answer, since that would beg the question. We can only offer a moral reason for action if we are already persuaded of the merits of morality.

So we face a dilemma. If we want to know why we should be moral, our answer will either beg the question (if it offers a moral reason) or will undermine the morality of morality (if it offers a non-moral one). This is not just a problem for atheists. The same logic holds for everyone. The reasons to obey a God-given morality will either themselves be moral or non-moral, and thus the same problem is faced by the religious believer.

The existence of this problem is not an argument against morality, however. It is merely a caution against the expectation that one can hope to find a simple source for morality, a reason to be moral that every rational person should recognize. I would argue that such a source cannot be found. The best attempt to find such a source is the Kantian endeavour to show that acting morally is required by rationality, which we will look at shortly. But despite their inventiveness and ingenuity, such attempts do not, I think, ultimately succeed.

What then can we put in place of such a source? I believe that at the very root of morality is a kind of empathy or concern for the welfare of others, a recognition that their welfare also counts. This is, for most of us, a basic human instinct. Total indifference to the welfare of others is not normal human behaviour, it is symptomatic of what we would normally call mental illness. Its most extreme form is that of the psychopath, who has no sense of the inner life of others at all. This recognition of the value of others is not a logical premise but a psychological one. If we accept it, then we have the starting point for all the thinking and reasoning about ethics that helps us to make better decisions and become better people. But the truth of the premise, the fundamental conviction that others do count, is not something that can be demonstrated by logic. This is part of what Hume was getting at when he said ‘reason is, and ought only to be the slave of the passions’. Moral reasoning can only get going if we have a basic altruistic impulse to begin with.

I should briefly mention an alternative view, which is that we should just accept that the reasons to be moral are themselves non-moral. Morality, on this view, is a kind of enlightened self-interest. Recognizing this does undermine the romantic view that morality is about a lack of self-interest, but some argue it need not completely undermine morality. Giving money to charity, for example, is no less moral because it is done out of enlightened self-interest. What matters is that we act well. It need not matter that the ultimate justifications for so doing are selfish.

I am not persuaded by this because it does seem to me to be an indispensable part of ethics that self-interest is not sovereign. At best, the view of morality as enlightened self-interest gives us reasons not to engage in antisocial behaviour or to do things that benefit us in the short run but have greater long-term costs. But that is not morality. Morality always contains the possibility of requiring one to act against one’s own interests. If I am never prepared to sacrifice some self-interest, then I do not think I can ever be truly moral.

We can now return to the problems posed at the start of this section. If God isn't the source of morality, what is? I would suggest it is a basic concern for the welfare of others, a concern that is not based on rational argument but empathy and, for want of a better phrase, our shared humanity. The second problem was, if it is up to us to make our own moral choices, do these choices carry any moral weight? I would argue that they do, because if we recognize the need to think about the moral dimension to our actions, then morality has to matter. The fact that we are left with choices to make cannot make it matter any less. The seriousness of morality derives from the seriousness with which we take the need to account for the interests of others and ourselves. It does not derive from the system we use to help us take these interests into account. Morality's seriousness is not diminished if moral decisions are freely chosen by us rather than dictated to us by laws laid down in heaven.

Moral thinking

The overall framework of my discussion in this chapter has been the existentialist insight that we cannot avoid responsibility for the choices we make and that therefore we have to in some sense 'create' values for ourselves. The discussion has largely been about meta-ethics – the general nature, basis, and structure of morality. If we are to move on from here, however, and think about the specific content of morality – what we should actually do – we need to do some further thinking. What I am going to do next is simply sketch three broad approaches to moral reasoning that have been dominant in the history of Western philosophy. All of these demonstrate how rich secular discussions of ethics can be. They show how the resources of good moral reasoning are equally available to the atheist and the religious believer.

Rather than view these as rival theories, I suggest we should see them all as resources we can draw upon to help in our moral reasoning. Of course, a 'pick and mix' approach has severe limitations. Most notably, adopting one way of thinking about a moral problem might lead to a conclusion that is diametrically opposed to the conclusion reached by using another method. Nevertheless, all these approaches offer ways into moral thinking that can at least help us to think a little more about what is at stake. What we should not do is think that they are like little moral calculi that can be called into action to generate an appropriate response to any moral dilemma.

Most introductory ethics classes in philosophy would distinguish between Aristotelian, Kantian, and Utilitarian ethics. However, since it is my claim that we can draw on all three and that we should not see them as hermetically sealed rival theories, I am going to focus on the distinctive features of each rather than consider them as complete theories. This will make it much easier to see how it is possible to draw on all three without loss of intellectual integrity. These three characteristics are the emphases on human flourishing, consequences, and the universal form of moral law.

Human flourishing

If you flick through Aristotle's great work of moral philosophy, the *Nichomachean Ethics*, you might notice something that looks strange to modern eyes. At one point, Aristotle asks what the right number of friends to have is and whether or not it is possible to be friends with bad people. But how can the number of friends we have be a concern of ethics?

Understand this and you have understood what is very different about the Ancient Greek conception of ethics compared to some popular modern conceptions of morality. We tend to think of morality in terms of prohibitions and obligations. There are things we ought to do and things we ought not to do, and living a moral life consists in following these rules. Our broader life goals, such as success, happiness, or finding the perfect pizza, are then pursued within these constraints.

This modern conception separates out the idea of a life going well for a given individual and that person following moral rules. This distinction did not exist in Aristotle's ethics, nor in many of the ethics of other Ancient Greek thinkers. For them, ethics just was about what is required for a human life to go well or to 'flourish'. What we would now recognize as moral rules were based on the idea that following such maxims was required if one's life was to go well.

Because ethics was approached in this way, the list of recommendations Aristotle made included some things we would think were obviously about ethics and some things which we would not. So the good person – one whose life is going well – will be prudent, have a close circle of not too many friends, show courage, be just, spend money wisely, and be amiable and witty.

A central insight of Aristotle's was that in order to live such a life one has to cultivate certain dispositions of character. He recognized that we are creatures of habit and that the best way of ensuring we act well is for us to practise doing good things, so that we then do them without having to think about it. So moral education is about instilling virtuous habits, while moral theorizing can be undertaken only once we are mature and developed.

One important question is whether Aristotle's ethics ignores the distinction between morality and self-interest or shows that the division is illusory. It would be nice to think that just as long as we do what is genuinely required for our lives to flourish then we will always do the right thing by others. But this may be too optimistic a view. After all, it has to be remembered that Aristotle was writing for a male, slave-owning class who did not take into account the interests of those lower down the social ladder. There is no hand wringing in Aristotle about the slave's ability to lead a flourishing life: slaves are just ignored. So there are at least grounds for concern that Aristotle's approach only meets the interest of some and not all, and that therefore it fails to provide a true morality.

Nevertheless, it is heartening to see just how far one can go with Aristotle's approach. Just by thinking about what is required for a life to go well, we end up with a picture of a virtuous life which is in almost all respects an extremely moral one. Greed, anger, maliciousness, petty self-interest, and so forth do not enter into the life of Aristotle's flourishing person. For your life to go well for you, you cannot afford to be in the grip of these destructive forces.

So here is a first step in moral thinking. Forget any transcendental lawgiver or divine source of morality. Just think about what is needed for a human life to go well and you will soon find that most of what we recognize as morality comes into play.

If that were all we could say about morality, however, we might be a little concerned. After all, it does seem that the wicked can flourish too. Many have tried to argue that this is not so, and that, despite appearances, no one who is wicked is truly happy or content. I personally wish this were true but find it hard to believe. Life would be very easy if self-interest and living well always coincided. But I don't think they do, and that is why we need to draw upon other ways of thinking about ethics if we are to construct a credible morality.

Consequences

It is an obvious fact about actions that they have consequences. What is more, these consequences can be good or bad: they can make things better or worse. Arguably, the mere fact that we recognize this to be true is enough to get some form of morality going.

To give a simple example, if I kick someone for no reason then that causes them pain. That pain is a bad thing which cannot in any way be outweighed by any better, good thing, because there is no reason for the kicking. Recognizing that the causing of this pain is a bad thing thus gives me a reason not to kick them.

4. You need only to recognize that suffering like this is bad to get ethics off the ground.

It should be obvious that if we start thinking in this way we have the basis for a kind of morality, one that is usually termed consequentialist. We have reasons for not doing things that have bad consequences and we have reasons to do things that have good consequences, just because we recognize that it is better that good things happen than bad ones.

As soon as we try and build on this banal-sounding truism to construct a complete moral theory we head into difficulties. But it does not seem to me that these subsequent difficulties in any way cast doubt upon the simple observations that set us off in this direction. For instance, consider one difficulty, which concerns the status of these reasons for action.

If we start to think about why a thing having bad consequences is a reason for not doing it we can soon see a puzzle. What kinds of reasons are they? Are they reasons that express simple facts? Is 'pain is bad thing' a kind of factual truth on a par with 'lead is heavier than water'? Many philosophers have thought not. 'Lead is heavier than water' is a simple, incontrovertible truth which is demonstrated by the physical sciences. In saying that it is true we are doing no more than describing the world. But when we say 'pain is a bad thing' it seems we are not just describing the world, we are evaluating it. If we were simply describing the world we could say things like 'pain is found to be unpleasant' or 'pain is something living creatures seek to avoid', but the moment we say it is bad we move beyond the facts to making value judgements.

If this line of reasoning is correct, then any moral argument that is based on a claim that 'pain is a bad thing' is not just expressing truths about the world but is making a judgement about it. And that means that moral claims are not true or false in the same way as factual claims are. Because moral claims are judgements, it is always possible for someone to disagree with them without saying something that is factually false. So if I say pain is not bad, you may disagree with me but you cannot say I have made a factual error.

There are various philosophical reasons why this question is important. But in practice I am not sure it matters one bit. All we need to get going on a broadly consequentialist way of thinking about ethics is to accept that pain is a bad thing. Now it is an interesting question whether or not 'pain is a bad thing' is a fact or a judgement, but as long as we agree that pain is a bad thing, for practical purposes the question does not require an answer.

But what about the person who does not accept that pain is a bad thing? Let us assume this disagreement is not on technical grounds (in other words that they refuse to assert that it is a bad thing because they believe to do so entails some philosophical commitment they do not want to sign up to). In such a circumstance I don't think we need to be concerned by the fact that our moral view does not command 100% agreement. As I have already argued, morality in the end requires a personal commitment and the acceptance of responsibility. In some unusual circumstances we may be confronted with a situation where rational argument can take us no further and we are confronted with a stark disagreement: I think (unnecessary) pain is bad, you do not. In such a situation we can only stand up for our values. And since our most basic values are shared with the vast majority of other human beings, such resolution in the face of dissent is hardly fascistic.

I would not want to suggest that there aren't real problems with consequentialist thinking. Indeed, I think there are a great many and that a purely consequentialist moral system is deeply flawed. However, that does not diminish the fact that in simply accepting that bad consequences provide reasons not to do certain actions and good consequences provide reasons to do others we have one pillar upon which to build a godless morality.

Universalizability

There is something else we could say about why it is bad to cause unnecessary pain which opens the door to another powerful way of thinking about ethics. In each of our own cases we would have no problem in seeing that it is bad for us to suffer unnecessary pain. But if it is bad for us, surely it is also bad for any other creature that could suffer pain in a similar way? If that is true, we have another reason not to cause suffering to others.

This is a very natural line of thought, and versions of the principle that stands behind it have been formulated in various different ways throughout history, from Confucius's golden rule 'Do not do to others what you would not want done to yourself', through Kant's categorical imperative, to the parent who asks their child to consider what would happen if everyone behaved like that.

What reasons do we have to accept something like the golden rule? One reason is that we are in danger of acting inconsistently – or to put it more crudely, hypocritically – if we don't. We can see why by thinking about Kant's distinction between what he called hypothetical and categorical imperatives. An imperative is any kind of command such as 'you must do X' or 'you ought to do X'. Some imperatives hold only with regard to some desired outcome or purpose. For example, if I'm trying to gain weight, then it might be said that I ought to have another cream cake. This 'ought' carries some force only because of my desired goal of gaining weight: I *ought* to eat the cake only *if* I want to gain weight. Such an imperative is 'hypothetical' in Kant's terminology, meaning that we always need to give some goal or aim to explain why we really ought to do what the imperative commands.

In contrast to these, Kant argued that moral 'oughts' are categorical. I ought not to murder regardless of my aims or objectives. The prohibition is categorical, meaning that we do not need to give some goal or aim to explain why we really ought to follow it.

One of the points Kant is making is that this just is the structure of a moral rule. It is the nature of moral rules that they have the form of categorical imperatives. If this is true, then whenever we recognize that we ought to do something or ought not to do something else, we are endorsing a principle that is not relative to the particular interests, desires, or objectives of specific individuals, but universal and applicable to all. So, for example, to recognize that I ought not to be cheated is to recognize that no one ought to be cheated. To be indignant about being cheated while not worrying about cheating others is thus an example of hypocrisy: the arbitrary changing of rules to suit oneself.

We need not go as far with Kant to embrace the idea of the categorical imperative to see that some form of universalizability is both an essential feature of moral rules and a natural part of moral reasoning. All we need to get the general principle of universalizability is first to accept that certain things are good or bad if they happen to us, and second to accept that there is no rational reason why, if they are good or bad for us, then they are not also good or bad for other people in similar circumstances. If we accept these two propositions then we have some kind of rational grounding for the principle that we ought not to do unto others what we would object to them doing unto us.

As with all the moral principles I have sketched, we do not have to go too far into the details for things to get difficult and controversial. In this instance, one of the major debates is whether or not universal, categorical imperatives are somehow demanded by reason, as Kant thought, or whether or not the sense in which universalizing moral rules is rational is much weaker. For what it's worth, I think the second response is correct. But as with so many details of moral philosophy, for practical purposes these debates may not matter very much. The very basic principle of universalizability, that if we think something ought to be done in one instance then it ought to be done in other relevantly similar circumstances, commands sufficient agreement and can be used in such a wide range of moral arguments, that technical problems with its formulation and justification are no obstacle to its employment in everyday moral reasoning.

Conclusion

It should now be obvious that the idea that the atheist must be an amoralist is groundless. The religious believer and the atheist share an important common ground. For both it cannot be that what is right and wrong, good or bad, is defined in terms of God or simply follows from divine command. For both, moral choices ultimately have to be made by individuals, and we cannot get others to make our moral choices for us. So whether we have religious faith or not, we have to make up our own minds about what is right and wrong.

To provide a source for morality we need to do no more than sign up to the belief that certain things have a value and that the existence of this value provides us with reasons to behave in certain ways. This very broad commitment does not entail any specific philosophical or even religious position. It is arguably no more than the basic commitment of someone who has human feeling.

Once we have undertaken this basic commitment we have several resources to help us think about what the right thing to do is. We can think about what is required to help our own lives and the lives of others flourish. We can think about what the consequences of our actions are and avoid those that harm things we think are of value and try to do those things which benefit them. And we can recognize that to say something is good or bad in one circumstance is to say it is good or bad in any other relevantly similar circumstance, and so can strive to be consistent in our actions, or to put it another way, strive to avoid hypocrisy.

Of course, it can still be said that we can provide no logical proof that atheists ought to behave morally, but neither can we provide such a proof for theists. The mistake that is often made is to suppose that if one has religious belief, moral principles just come along with the package and there is no need to think about or justify them. Once we see through that myth, we can see why being good is a challenge for everyone, atheist or non-atheist.

Chapter 4
Meaning and purpose

What's the point?

Believing the myth that without God everything is permitted may not in itself provide people with a reason to reject atheism, since it at least opens the gates to a certain amount of potentially desirable debauchery. What is perhaps more off-putting about atheism is the idea that without God nothing has a purpose. Sure, you can do what you want because there's no divine power there to stop you, but what is the point of doing anything at all? Why do we struggle through life – and for many people life is a struggle – if it all ends in naught? 'Life's a bitch and then you die' is the nihilistic mantra of the disenchanted and disappointed who have given up belief in God and think that leaves life a vacuous tragicomedy.

To answer these concerns it is necessary to go back to basics and consider the very idea of life having a meaning or purpose. The problem is that it is often assumed that there is no problem about the meaning of life for the religious. Buy into religion and meaning comes with it free. Opt out of religion, however, and you lose meaning. This line of reasoning is very similar to that which yokes together ethics and religion. It is assumed that ethics is packaged with religion and so without religion ethics becomes problematic. As we saw in the last chapter, this is simply not true and in this chapter I will argue that it is also not true that life's meaning and purpose are pre-packaged together with religion. To do this I will look at how to understand the idea that life has meaning and purpose at all.

The designer's purpose

The French existentialist thinker Jean-Paul Sartre believed that a rejection of the idea of God left humanity with no 'essence'. He meant something quite specific by 'essence', which he explains with the example of a paper knife. A paper knife has a clear essence, he says, because it was designed with a purpose: to cut paper. In this way, its creator endows it with an essence: the essential nature of the paper knife is to cut paper.

This idea of an essence corresponds to what some people might think of as the knife's purpose. In other words, the knife has a purpose which is its function as given to it by its creator.

Sartre argued that, since God does not exist, human beings are not like paper knives, since an intelligent designer did not create them. Thus, they lack what he called an essence. Interestingly, however, he did not conclude that human life lacked purpose or meaning, for reasons that will become clear in a little while.

First, however, we need to pay some attention to this idea that purpose or meaning is endowed on something by its creator. This seems to be the idea which supports the religious view that belief in God provides one automatic answer to the question of life's meaning. If we are created by God then our purpose is simply handed to us on a plate by that God, since he made us with some purpose in mind. The analogy crops up in various forms in religious discourse. For instance, people talk a little whimsically about the Bible being God's instruction manual, there to inform his creations about what they have been made for.

The problem here, however, is that on reflection this seems to provide us only with a very unsatisfactory form of meaning in life. The knife analogy shows us why. Although it is true that the knife has meaning and purpose because of its creator, this kind of purpose is hardly significant *for the knife*. Of course, the knife has no consciousness at all, and this reinforces the point that when we ascribe a purpose to something in virtue of what it was made for, this locates the significance of that purpose with the creator or the user of the object, not in the object itself.

Consider now a hypothetical example where the created object is conscious. Imagine a dystopian future where human beings are bred in laboratories to fulfil certain functions, rather like the scenario in Aldous Huxley's *Brave New World*. Here we can imagine a person who has been created with the purpose of cleaning lavatories. If that person were to ask what the meaning or purpose of his life were, we could say, in a sense correctly, 'to clean lavatories'. But to think that by doing so we had answered the important existential question about the meaning of life would be absurd. In short, a purpose or meaning given to a creature by its creator just isn't necessarily the kind of purpose or meaning that we are looking for in life when we wonder what the point of living is *for us*. If the only point in living is to serve *somebody else*'s purposes, then we cease to be valuable beings in our own right and we merely become tools for others, like paper knives or cloned workers.

This is why a belief in a creator God does not automatically provide life with a meaning. It can, however, satisfy some people's desire for meaning in one of two ways. The first is if the person decides that they are happy just to do God's will. Serving God is a good enough purpose in life for them. This seems odd to me, since I find it hard to imagine why God would want to create creatures like us solely to serve him: it's not as though he's in need of domestic help or anything like that. It also seems unnervingly close in attitude to the people who for many centuries thought it was simply their role in life to work for the aristocracy and the upper classes. To take pride

5. This lucky creature was given its purpose by its creator. Wouldn't it be good to be like that?

in one's lowly position and to see that as conferring meaning on one's life seems to me indicative of what Nietzsche called 'slave morality': sanctifying what is in reality an unfortunate position so as to make that place seem much more desirable than it really is. This seems to be an example of what Sartre called 'bad faith': pretending to oneself that things are other than they really are in order to avoid uncomfortable truths.

A second way out for the religious is to simply trust that God has a purpose for us which is genuinely a purpose *for us* rather than something we do *for him*. We may not know what that is but we've got eternity to find out, so what's the rush? This is a perfectly coherent position but as with much else in religion it has to be recognized that it requires the religious to take something on complete blind trust, or, as they prefer to put it, on faith. To adopt this position is to admit that the religious actually don't have any clue what the meaning or purpose of life is, but that they simply trust God has one for them. And there is still the troubling doubt that a meaning that is given to us by others isn't necessarily the kind of meaning which makes life meaningful for us. The religious just have to have faith that their purpose is not the equivalent of cleaning paradise's lavatories for eternity.

Purpose as goal

So God or no God, if life is to be really meaningful it must be so in a way which speaks to our own projects, needs, or desires and not just the purposes of whatever or whoever created us. This is why, incidentally, the theory of evolution doesn't provide life with any meaning either. Evolution tells us that the reason why we are here is, in some sense, to replicate DNA. But this is a purely external explanation of why we exist and what biological function we fulfil. This no more explains the meaning of life than saying you were conceived so that your parents could claim extra child benefit. It gives part of the causal story of why you were born; it doesn't tell you why your life is significant, if indeed it is.

If we start thinking about life's meaning independently of the purposes of a creator, a natural way to start off is by thinking about our own purposes or goals. It does seem that many people do look at life's meaning in this way. They talk about what they want to have achieved by the age of 30, 50, or 65 with the implicit assumption that reaching these goals will fulfil them and make their lives meaningful.

One interesting point to note here is that in most cases people do not have the idea that these goals or purposes were given to them by God. It is true that you sometimes hear, for example, athletes saying things like 'God put me on Earth to win the 200 metres Olympic gold medal', but most of their peers will admit that winning is something they want and does God no favours at all. In general, when people set themselves life goals they choose these goals themselves, and that is actually an important part of why those goals are meaningful for them. What people are doing is trying to achieve some form of 'self-actualization'. They set goals which they see as developing and fulfilling their potential so that they can become in a sense more than they now are. So, for example, someone with a talent for music might set goals which, if achieved, will show that they have developed their musical abilities to their fullest potential and hence that they have become a more complete or developed individual than they once were.

This idea that we can choose our own purposes and goals and thus be the authors of our own meaning is an important one and I will return to it shortly. But first we should recognize some potential problems with seeing life's meaning as comprising one or more goals we set ourselves. If we are too goal-orientated two risks confront us.

The first is that we simply do not achieve our goal. In areas such as athletics, it is inevitable that many more people fail to achieve their goals than actually do so. But if a failure to hit the target is closely linked or is even a major part of what makes life meaningful for a person, then such a failure could be personally catastrophic.

The second risk is that, having achieved our goals, life then becomes meaningless. This is actually something that does happen to some people who become very focused on one particular goal that takes many years to achieve. You will hear many a person say something like, 'I spent my whole life working towards achieving this and now that I've succeeded I don't know what to do with myself'. Often, since these people have very goal-directed personalities, the response is to set another goal and get back on the treadmill. This just highlights the problem of tying meaning too closely to goal achievement: life can never be truly satisfying except in those few moments around the achievement of each goal. At all other times, you are either working for the future goal or looking back on its past attainment.

The problem can be posed more philosophically by considering what makes anything worthwhile. For example, since I lead an exciting life, today I'm going to buy some groceries. Why would I spend valuable time doing something so boring? The reason is that I need food to eat. But why should I bother eating? Two reasons: one is that I like it and the other is that I need food to live. So why bother living? And so on.

In this simple series of 'why' questions two types of answer can be given. One explains my actions in terms of another, more fundamental goal: to get food, to live. With this kind of answer, however, it is always possible to ask a further 'why' question. Why bother eating? Why bother living? In order to put a halt to the series of why questions we have to provide a reason which is sufficient in itself and does not simply relate to some further goal or purpose. One such reason I gave is that I eat because I like it. If you were to then ask why I like it, or why I should do what I like, then you have not really understood what it means to enjoy doing something. To enjoy doing something is itself a good enough reason to do it,

6. How do you follow that?

provided it doesn't harm others or yourself, or prevent you from doing something more important, and various other similar caveats. So if I say I enjoy eating to explain why I am tucking into a plate of aloo gobi, there is no need or sense in asking a further why question.

If we apply this principle more widely, then we can see how, if we ask why we do anything in life, eventually we have to end up with things that are valuable in themselves and are not done simply to meet some further aim or goal. If we become too goal-fixated we risk missing this vital point.

That does not mean that the achievement of goals cannot contribute to life's meaning. Goals can play a very important role in giving meaning to our lives. But they fulfil this role best if they satisfy two conditions. The first is that we find the process of achieving them itself meaningful and rewarding. That way, the time we spend working towards the goal is meaningful even if we do not finally achieve it. The second is that the achieving of the goal itself leads to something which is of enduring value to us. That way, once we have achieved our goal, we do not suddenly find our lives empty.

A further danger with thinking too much about goals and achievements is that it might make the lives of too many people seem meaningless. The fact is that many people, perhaps the majority, are not goal-directed or hungry for success. What most people want is companionship, a job they enjoy, and sufficient money for a good quality of life. Given all those things, life seems meaningful enough, since that overall package is a good in itself. Does it really make sense to ask, 'Why would you want to do a job you enjoy all day and then go home to someone you love and fill your leisure time as you please?' Isn't the person who asks such a question missing something?

Life as its own answer

We have been led to the view that life's ultimate purpose must be something which is good in itself and is not just something that serves as a link in a never-ending series of purposes. This is one reason why atheists can claim that life is more meaningful for them than it is for many religious people who see this world as a kind of preparation for the next. For these people, life isn't really valuable in itself at all. It is like a coin which can be exchanged for a good that really does count: the after-life. This merely postpones the question about what makes life worth living, however, since it doesn't tell us why life in heaven is meaningful in itself but life on Earth isn't. Once again, it seems religion does not so much provide an answer as ask us to accept on trust that an answer will be forthcoming.

Since at some stage life must become worth living for its own sake or else it has no meaning or value in itself at all, the atheist's desire to try and find what makes this life worth living rather than hoping that the next one will be better seems sensible and prudent, especially given the evidence that this is the only life we're going to get anyway.

But what makes life worth living? Any short answer will sound trite, but there really is no mystery about it. Ray Bradbury put it pithily in his short story 'And the moon be still as bright'. This tells of Martians rather than humans, but the moral of the story translates:

> The Martians realized that they asked the question 'Why live at all?' at the height of some period of war or despair, when there was no answer. But once the civilization calmed, quieted, and wars ceased, the question became senseless in a new way. Life was now good and needed no argument.

When times are hard and life is going badly, life can seem pointless. But when life is good there is no need to question. As in the example above, if one's work and home life are going well, it is in a way senseless to ask why such a life is worth living. The person living it just knows it is.

Of course this really isn't good enough as an answer in itself since it doesn't tell us what to say to others or ourselves when life isn't going well. For most of us, life is pretty much a mixed bag, and periods where everything is going just fine and dandy are quite rare and brief. But what is true about Bradbury's sentiments is that the essence of the answer can only be rooted in the fact that life can be worth living in itself, even in difficult times, and there is no need for it to serve any other purpose. Furthermore, recognizing that life is its own answer to the question of why we should live is essential if we are to confront the reality of our finitude and accommodate ourselves to it. If we pretend or imagine that life's purpose lies outside living itself, we will be searching the stars for what is underneath our feet all the time.

Hedonism

Earlier, when I gave an example of something that was worthwhile in itself, I talked about eating a good meal. That might suggest that what makes living is nothing more complex than pleasure. Pleasure is, after all, a good thing in itself, something that, if we are experiencing it, does not need any further purpose to justify it. So, if life is finite and we need to find meaning in what is good in itself in life, surely we should just devote ourselves to pleasure?

Arguably, this is the secular orthodoxy of our day. Carpe diem – seize the day – has become the motto for our times. Encouraged by the media, in editorial and in advertising, we look for new and better pleasures all the time. If you were to spend just one day deliberately trying to spot how many articles in newspapers and magazines and advertisements in all media offer the promise of greater pleasure, you'll soon lose count. This is especially true if you read men's or women's lifestyle magazines, which seem solely to offer the promise of a happier, more contented, sexually stunning you. If any of these tips actually worked, people would soon have no need to read these magazines. Yet their circulations remain stubbornly high. I think that tells us something.

What is also revealing is that we are widely reported to be in general a rather dissatisfied society. In developed Western countries, we have access to more and better sources of pleasure than our predecessors could imagine. Yet we are not a noticeably fulfilled bunch. What's gone wrong?

This apparent paradox would not surprise most of the great philosophers of ethics, all of whom have been suspicious of too great an emphasis on pleasure. The main problem, variously explained, is that pleasure is by its nature transitory. It is all very well feeling good but pleasure does not in general leave a very long-lasting afterglow. Indeed, a life devoted to pleasure can be hard work, since if one is really serious about it, then one has to make a constant effort to get more and more. The present always eludes our grasp, so pleasures of the present are from the moment they are attained doomed to slip through our fingers.

This is why a life devoted to pleasure is for most of us deeply unsatisfying. Certainly a good life has its fair share of pleasure and only the most puritan of ethicists have claimed otherwise. But contentment or satisfaction requires more than just transitory pleasure. It requires us to be living the kind of lives that make us feel satisfied even when we are not particularly enjoying ourselves. There is no formula for determining what kind of life this is, and it certainly varies considerably from person to person. For some, a hedonistic life does provide ongoing satisfaction as well as transitory pleasure. For others, a quiet, slow labour of love that to an outsider may seem quite joyless can provide deep satisfaction.

The main point here is simply that we should not be too quick to assume that if this is the only life we've got, and if life's meaning is to be found in the living of life itself, then that means we should pursue a life of pleasure. That may fit the negative stereotype of the shallow atheist who seeks intoxication with pleasure to fill the emptiness of his purposeless life, but it is as accurate a view of typical atheists as the joyless Bible-basher is of the religious believer.

Death

I hope to have shown how life can have meaning and purpose for atheists. But what if we turn the question on its head: why should anyone think that life *can't* have meaning or purpose for atheists?

Why does the meaning of life seem to pose an especial problem for atheists?

The answer seems to be that the atheist, not believing in any supernatural realm, believes that death in this natural Earth is the end of life. The atheist unequivocally accepts human mortality, with no belief in after-life, reincarnation, or even dissolution of the ego into the world spirit. So, it is thought, if life is short and death is final, what is the point of it all?

I have already provided some answers to this. What I haven't yet done is questioned why an acceptance of mortality seems to make life any less meaningful than a belief in the after-life does. There can only be two explanations for this: one is that life needs to be longer than it actually is to be meaningful; the other is that life needs to be endless to be meaningful. Neither assumption survives scrutiny.

Take the idea that life can only have a meaning if it never ends. It is certainly not the case that in general only endless activities can be meaningful. Indeed, usually the contrary is true: there being some end or completion is often required for an activity to have any meaning. A football match, for example, gains its purpose only because it finishes after 90 minutes and there is a result. An endless football match would be as meaningless as a kick around in the park. Plays, novels, films, and other forms of narrative also require some kind of completion. When we study we follow courses that end at a determinate point and don't go on forever. Take virtually any human activity and you find that some kind of closure or completion is required to make them meaningful.

This line of thought can make us wonder whether life would actually be *less* meaningful if it were eternal. What would be the point of doing anything if we had an eternity to live? Why bother trying to do anything, such as improve your golf swing, if you've always got time to do it later? Isn't it rather that the knowledge of mortality, the sound of 'time's winged chariot hurrying near', is what drives us and makes getting on with life meaningful at all?

It might be objected that eternal life would be meaningless if it were just more of the same, more of this life. But it would be meaningful if it were a different kind of life, perhaps an existence in some pure state of bliss or nirvana.

There are two problems with this view. The first is that if eternal life is not recognizably this kind of life then it is not clear how the person living it could be recognizably you or me. We are embodied human beings and our whole *modus operandi* is one of human beings with thoughts, feelings, plans, relationships, hungers, and disappointments. The life of a disembodied something, with no thought of past and future but just an eternal absorption in a feeling of bliss, seems to me to be nothing like my life at all. So we are faced with a dilemma. Either the after-life is recognizably like this life, in which case an eternal one does not look very meaningful; or it is not like this life at all, in which case it doesn't look like the kind of life we could actually live.

The second problem with this view is that it is based on the idea that some states are worth being in for their own sake. The whole point about nirvana is that we do not need to ask what the point of being in that state is – it is simply valuable in itself. But if we accept that some forms of existence can be worth living for themselves, then why ignore the valuable form of life we actually have and instead hold out some hope for an idealized form of life to come?

So the idea that life needs to be eternal to be meaningful is simply false. What of the alternative suggestion that it needs to be much longer to be meaningful? This is very unpersuasive. If finite life can have meaning then it seems odd to think that it must be finite life of a certain length. Human life is, by the measure of the universe, a blink of an eye. Even in terms of our human perceptions, life can fly by distressingly quickly. Yet at the same time, for every person who reaches old age still hungry for life, there is another who has been worn out by life's ups and downs and is getting tired. Life may not be the perfect length, but it is long enough to be meaningful.

I personally do not go along with the view that life is just about the right length. The reason often cited for this is not the idea that nature has just made us lucky, but that we live our lives according to what is the norm, and that if the average lifespan were longer we wouldn't lead more meaningful lives, we would just adjust our life plans accordingly by, for instance, being in less of a hurry to establish ourselves in careers. This is a comforting thought, but I actually think it would be good if life could be somewhat longer than it usually is – provided those extra years could be lived in good health. There is so much to do that 70 or so years does seem a rather mean allotment. Accepting one's mortality is not the same as believing that this is the best of all possible worlds. Not only is our average lifespan on the short side, too many people do not even live that long.

Death thus occupies a crucial role in the atheist world view. It is the final full stop that makes life meaningful in the first place, but it's coming too soon or even as early as it usually does can still be a cause of regret. There is some truth in the cliché that all good things must come to an end, but just as the curtain falling on Othello does not make the play worse, but is actually a necessary condition for it being any good in the first place, so we may regret death while at the same time knowing that its inevitability is what makes life so valuable in the first place.

Meaningful lives

Although I have here argued the case for the possibility of meaningful atheist lives, perhaps it is more persuasive simply to point to the reality of such lives. Many atheists do and have lived meaningful and purposeful lives, and for others to deny this seems to be remarkably arrogant.

If you visit the web site celebatheists.com, you will find a long list of living atheists. Among them is Arundhati Roy, award-winning author of *The God of Small Things* and a campaigner for social change and justice in India. In an interview, asked if she thought death was the end, she replied, 'Yes . . . sometimes even before you die, that's it'. I think this sharp reply shows how an atheist belief in mortality can motivate a real concern for those who, though still living, are not getting a good chance to enjoy the only life they have.

Interestingly, a lot of famous atheists are writers, thinkers, or artists. Milan Kundera, Czech author of *The Unbearable Lightness of Being*, is an atheist, while Terry Pratchett, author of the Discworld novels, says, 'I think I'm probably an atheist, but rather angry with God for not existing'.

Perhaps the biggest challenge to people who think atheists cannot live meaningful lives is the Czech Republic, where 40% of the population is atheist. Take a holiday to Prague and see if you're overcome by a wave of meaninglessness.

History is also populated with a good number of atheists, including the former French president François Mitterrand (1916–96), American physicist Richard Feynman (1918–88), the father of modern Turkey Mustafa Kemal Ataturk (1881–1938), and Nobel prize-winning chemist and physicist Marie Curie (1867–1934).

I am not saying that all of these people are heroes, or that we should admire all they did. Atheists live good and bad lives, just as do priests, popes, and rabbis. The point is simply that these are all lives lived with purpose and meaning, concrete proof that a life without belief in God is not a life without direction or significance. The greatest proof that something is possible is to show that it actually exists. These people show that meaningful atheist lives are more than theoretical possibilities. They are around us every day.

Chapter 5
Atheism in history

Not the history of atheism

My concern in this chapter is to not present a potted history of atheism, for two reasons. The first is that the subject is just too vast for a short chapter, especially by a non-historian such as myself. The second relates to the overall aims of this book. I want to keep the focus on offering reasons to think atheism is true and arguing against reasons to think it is false, not to discuss everything to do with atheism.

My interest in the history of atheism is thus limited to two specific questions which, I think, need to be answered as part of my wider argument for atheism. The first of these is the question of when and why atheism emerged in Western history. The second concerns the extent to which atheism is implicated in the terrors of 20th-century totalitarianism in the Soviet Union, Nazi Germany, Italy, and Spain. The answer to the first strengthens the case for atheism, while an answer to the second weakens some objections to it.

The birth of atheism

When did atheism begin? There are two answers to this question which may appear to be in conflict with one another. One is that atheism began at the dawn of Western civilization itself, in Ancient

Greece. James Thrower argues this case in his *Western Atheism*. The other is that atheism only fully emerged as late as the 18th century. This is what David Berman claims in his *A History of Atheism in Britain*. The conflict is, however, merely apparent, for there is a single story which is consistent with both Thrower's and Berman's accounts. This is that atheism had its origins in Ancient Greece but did not emerge as an overt and avowed belief system until late in the Enlightenment.

Thrower's argument is based on the necessary connection between naturalism and atheism. As we saw in Chapter 1, atheism can be understood not simply as a denial of religion, but as a self-contained belief system, if it is seen as a commitment to the view that there is only one world and this is the world of nature.

If this is the right way to view atheism, and I agree with Thrower that it is, then to understand the origins of atheism you have to understand the origins of naturalism. And naturalism starts with the pre-Socratic Milesian philosophers of the 6th century BCE, Thales, Anaximander, and Anaximenes. These philosophers were the first to reject mythological explanations in favour of naturalistic ones. Whereas previously the origins and functions of the world were all explained by myths, the Milesians worked on the then revolutionary idea that nature could be understood as a self-contained system that operated according to laws that were comprehensible by human reason. This marked a fundamental shift in the orientation of explanatory accounts. No longer was it necessary to postulate anything outside of nature to understand how nature worked: the answers were all to be found within nature itself.

This therefore also marked the point where science began, although it would be a long time before it matured into what we would now recognize as rigorous experimental science..However, it would be a mistake to overemphasize the extent to which the pre-Socratic

7. Atheism emerged from the rejection of myth. That's what I call progress.

philosophers were specifically proto-scientists. Critics of atheism often argue that it is too in thrall to science, that it takes scientific explanation to be the only kind of legitimate explanation and that therefore its rejection of religion is based on a too-narrow conception of what kinds of explanation are useful or even truthful. The account offered by Thrower of the origins of atheism might seem to reinforce this criticism, if the origins of atheism are identified with the origins of science.

This criticism is mistaken, however, because science is only one of the fruits of the new way of looking at the world initiated by the pre-Socratics. The revolution in thought they started was not the replacement of mythology by science in particular, but the replacement of myth by rational explanation in general.

To illustrate this, consider the development of history in Ancient

Greece between the works of Herodotus and Thucydides, as discussed by Thrower and the philosopher Bernard Williams in his *Truth and Truthfulness*. Here we find another example of the rejection of myth in favour of something more rational. The real history of this development is not one of a switch being flicked between the wholly mythologizing Herodotus and the plain factuality of Thucydides. Nevertheless, an important boundary was crossed when Thucydides set out to discuss history as a series of factual and dated events which fit together to tell some kind of causal story. As Williams puts it, the histories of Thucydides aimed at 'telling the truth' as it is. The view of history offered by Thucydides is now so common-sensical (though not to many academic historians) that it is difficult to imagine how people could ever have thought of history otherwise. This only underlines how radical a development Thucydides' history was.

There is a connection between the development of Milesian philosophy and Thucydidian history which is more than just the common rejection of myth. The connection is between what *replaces* myth. In both cases what usurps myth is rationality. A rational account is broadly one which confines itself to reasons, evidence and arguments that are open to scrutiny, assessment, acceptance or rejection, on the basis of principles and facts which are available to all. An optimally rational account is one in which we don't have to plug any gaps with speculation, opinion, or any other ungrounded beliefs.

In this sense, the science for which the pre-Socratics laid the foundations and the way of studying history begun by Thucydides are both characterized by their rational nature. History becomes the attempt to tell the story of the past based on evidence and arguments which are available to and assessable by all. Science becomes the attempt to give an account of the workings of the world based on evidence and arguments which are available to and assessable by all. This is the broader revolution in thought initiated by the Milesians.

In this sense we can see how the naturalism which lies at the heart and root of atheism is itself rooted in a broader commitment to rationalism. (This kind of rationalism-with-a-small-r is not to be confused with the 17th-century Rationalism-with-a-capital-R, which is much more specific and ambitious in the claims it makes for the power of rationality.) Naturalism follows from rationalism, and so it is rationalism, rather than naturalism, which is fundamental to the origins of atheism. So it is not the case that atheism follows merely from some shallow commitment to the primacy of scientific enquiry. It is rather that atheism is grounded in a wider commitment to the value of rational explanation, of which science is merely one spectacularly successful example.

It is sometimes objected that atheists are too committed to the value of rational explanation. This critique may be prima facie appealing if it is seen as advocating a world view which encompasses more than what can be rationally explained. But of course a rationalist can accept such a world view too, just as long as that means we only accept what cannot be rationally explained if we have rational reasons to suppose it exists. For example, many would agree that we do not have a rational explanation for how consciousness can be produced in physical brains, but there are rational reasons to suppose consciousness exists because we are all conscious beings. In this sense it is rational to believe in the existence of what cannot yet be rationally explained. But in the case of, say, ghosts, we not only lack a rational explanation of how ghosts can exist, we also lack any rational reasons to suppose that they do.

So to make the criticism of atheist rationalism do any work, it has to be claimed that atheists are wrong to say we should not believe in anything we have no rational reason to think exists. It is hard to see how anyone could argue this line without opening the door to any number of irrational absurdities. For example, if you want to seriously argue that we should believe in things we have no rational reason to think exist, why not believe in the tooth-fairy? (Non-atheists tend to get irritated when atheists invoke entities such as the tooth-fairy and Santa Claus to illustrate the ridiculousness of permitting belief in what is not rational, but such irritation does not comprise a serious counter-argument.)

Of course, intelligent non-atheists have more to say on this point, as do atheists in response. There is no space to pursue the argument further here for my point has already been made. In short, atheism is rooted in naturalism, which is itself rooted in rationalism. The origins of both rationalism and naturalism are to be found in Ancient Greece and so in an important sense this marks the first chapter in the history of atheism. What is so significant about this is that an identification has been made between the origins of atheism and the origins of Western rationality as a whole. Thus atheism can be seen as part of a wider, progressive story about the development of human intellect and understanding. This identification of atheism and progress is reinforced when one considers the next major stage in atheism's development: the Enlightenment.

The birth of avowed atheism

In his history of atheism, David Berman is struck by how late atheism emerged as an avowed belief system. He claims the first avowedly atheist work was Baron d'Holbach's *The System of Nature*, published in 1770, while the first such work to be published in Britain was the *Answer to Dr. Priestley's letters to a philosophical unbeliever*, published in 1782. The authorship of this latter text is disputed, and it is possible that it was the work of two men, William Hammon and Matthew Turner.

It is a matter of scholarly dispute whether or not any atheist works pre-date these. Thrower is certainly convinced that some writings of Democritus and Lucretius are atheistic, although he agrees that d'Holbach was the 'first unequivocally professed atheist in the Western Tradition'. So Thrower's general account is consistent with Berman's assertion that atheism did not emerge as a fully articulated distinctive force until the late 18th century. Before that we had isolated works that could be viewed as atheist, and even periods in history when God or the gods were seen as irrelevant in at least some sectors of society, such as among the upper classes of the early Roman Empire. But there was no systematic and ongoing attempt to present and promulgate a godless world view as an alternative to the religious one.

The story of how atheism emerged and established itself from this point on is an interesting one, which Berman dissects in detail. For our purposes, however, I just want to highlight two interesting features.

The first is that the emergence of atheism at this time fits in with the progressive story of atheism that sees its roots in the birth of Western rationality in Ancient Greece. Just as naturalism and rationalism, atheism's forebears, were the fruits of the progression from myth to reason, so atheism as an avowed doctrine is the fruit of the progression to Enlightenment values.

Although it has become fashionable to debunk the ideals of the Enlightenment, it is a mark of its success that its most basic doctrines are now fundamental to our conception of a civilized, modern society. We may debate the precise meaning of equality, liberty, and tolerance, but all three are central to our notion of what makes a good and fair society. We may have lost some of the Enlightenment's optimism in the power of reason, but we would certainly not like to go back to a society based on superstition. And although some may think that we have gone too far in our disrespect of authority, few seriously believe that we should go back to a time when office was inherited, when only the male middle classes were politically enfranchised, or when leading clerics wielded strong political power. So despite its faults, the Enlightenment has to be seen by any reasonable person as an important stage in the progression of Western society, and its core ideals have triumphed.

It would be too strong a claim to say that, because avowed atheism emerged riding on the back of the Enlightenment, that it must share in its glory. But it would be equally foolish to see the simultaneous emergence of modern atheism and the Enlightenment as purely coincidental. Their arrival at the same point in history is at least suggestive of a connection, and it is not hard to see how that connection might be made. Atheism takes the Enlightenment rejection of superstition, hierarchy, and rationally ungrounded authority to what many would see as its logical conclusion. It certainly fits atheism's self-image to say that, once we were prepared to look religion in the eye under the cool light of reason, its untruth became self-evident. It just obviously was superstition and myth, grounded not in the divine but in particular, local human practices. On this view, it is impossible to take Enlightenment ideals seriously and cling on to the belief that religion represents truth.

So although I have not been able to make a water-tight case for the claim here, it is certainly more than possible to explain the emergence of avowed atheism in the late Enlightenment in terms of a story of the ongoing progress of human society and intellect, even if that progress is uneven and reversible.

The second interesting point to note about the late emergence of avowed atheism is what it says about the deep embeddedness of religion in our society. One of the most fascinating features of Berman's account is how writers in the 17th century often denied even the possibility that anyone could ever be a genuine atheist – someone who really believed there was no God as opposed to someone who just acted as if God did not exist. Religion was just assumed to be universal. One could no more believe someone who denied the existence of God than one could deny the existence of the sun or stars.

Indeed, some used the supposed universal belief in God as an argument for God's existence. This variation on the old adage 'Fifty million Frenchmen can't be wrong' strikes one as rather weak for a rational argument. After all, at one time nearly the whole world's population thought that rain came from the gods or that the earth was the centre of the universe. They were, of course, wrong and it doesn't take much reflection to realize that widespread agreement cannot make something true or false. If it could, then we would not need to spend any time, say, searching for a cure for cancer. We could just all agree that eating chocolate does the trick.

What widespread belief in religion does show, however, is how atheism really has been battling against the odds. It also explains the historical reason why atheism has been defined negatively as the denial of belief in God, rather than positively as some kind of naturalism. As my Loch Ness story showed, one needs only to see atheism negatively in a context where religious belief is the norm. And religious belief has been, and still usually is, the norm the world over.

For a belief system to establish itself as a credible alternative to religion, believed by millions of people – especially, it has to be said, intelligent or educated people – contrary to almost unanimous opposition and in a little over 200 years, is something of a triumph. But it is also a reminder of how little experience we have of living our lives and ordering our societies without the backdrop of religion. Mass atheism is young and as such we must expect to see some signs of its immaturity. Some of these, it is thought, may have been at least partly responsible for some of the last century's worst episodes. It is to these that we must now turn.

Atheism and 20th-century totalitarianism

One of the most serious charges laid against atheism is that it is responsible for some of the worst horrors of the 20th century, including the Nazi concentration camps and Stalin's gulags. The godless regimes of fascism and Stalinism could only commit such atrocities because they were godless. How should atheists respond to this charge?

One problem in answering these questions is that some of the history is contested. In particular, the deep causes of the Holocaust are the subject of fierce debate. This is not the place to settle such debates. So I shall try to base my arguments on what is generally agreed, using what is contested only as a means to show that some anti-atheist assumptions are just that – assumptions and not facts. In keeping with the style of this book, I shall not provide references and sources for all my claims in the text, but the information is there in the further reading section at the end of the book.

If we consider fascism first, the first obvious fact is that the role of religion in fascism varied enormously and is sometimes difficult to interpret. In Spain, the Catholic Church was on the side of the fascist Franco in the Civil War and continued to support him for many years after he came to power, with serious dissent of any kind not emerging until the 1960s. Indeed, many saw the Civil War as a kind of religious crusade against the godless republicans. There is still a great deal of controversy concerning the extent to which members of the Catholic prelature Opus Dei occupied positions of power in Franco's Spain.

It is certainly true that Franco's Spain was not the most brutal of fascist regimes, but this is only by comparison with the extremes of Hitler. Consider Franco's repression and terrorizing of the Basques, for example, immortalized in Picasso's depiction of the bombing of Guernica at the busiest time on market day when maximum civilian casualties were assured. This was not atheist fascism but an expressly Catholic one.

In Italy too, the Vatican signed the notorious Lateran treaty with the fascist government in 1929, providing mutual recognition of fascist Italy and the Vatican State and making Mussolini the leader under whom Roman Catholicism became the official religion of

8. Nazi ideology was a far cry from traditional naturalist atheism.

Italy. Resistance to Mussolini grew throughout the 1930s, but at no time was there a clear majority in the Catholic Church opposed to his regime, even after 1938 when anti-Jewish laws were passed. So again it is hard to see how atheism can be seen to be the driving force behind Italian fascism.

The case of Nazi Germany is the most important one, for it was under Hitler that the worst fascist atrocities took place. But what is clear is that in no way was Nazi Germany a straightforwardly atheist state. Hitler, for instance, maintained the traditional German view of women as needing to focus on 'Kirche, Küche, Kinder' – Church, kitchen, and children.

More substantively, a concordat was signed between the Nazi government and the Catholic Church in 1933. The collusion between the Protestant churches and the Nazi regime was even closer, helped by an anti-Semitic tradition in German Protestantism. Resistance came not from the established Protestant churches but by the breakaway Confessional Church, led by pastors Martin Niemöller and Dietrich Bonhoeffer. These dissidents are justifiably held up by Christians today as shining examples of principled resistance to Nazism, but the fact that they had to leave the established Church to lead this resistance is no cause for Christian celebration.

Nazi doctrines themselves were also at odds with the kind of rational naturalism of traditional atheism. Rather, Nazi ideology involved what historian Emilio Gentile calls the 'sacralization of politics':

> This process takes place when, more or less elaborately and dogmatically, a political movement confers a sacred status on an earthly entity (the nation, the country, the state, humanity, society, race, proletariat, history, liberty, or revolution) and renders it an absolute principle of collective existence, considers it the main source of values for individual and mass behaviour, and exalts it as the supreme ethical precept of public life. It thus becomes an object for veneration and dedication, even to the point of self-sacrifice.
>
> Translated by Robert Mallet from *Le religioni della politica. Fra democrazie e totalitarismi* (Roma Bari, Laterza, 2001)

Looked at in this context, the problem with Nazi Germany was not its supposed atheism but its elevation of concepts such as blood, soil, and nation to quasi-religious status. It should be clear from what has been said in this book that such sacralization is utterly foreign to mainstream rational atheism.

The last point I wish to mention with regard to Nazi Germany is that, complex though the causes of the Holocaust are, it seems impossible to deny the role played by religion in Western anti-Semitism. As historian Kristen Renwick Monroe writes:

> Religion played an integral part in the Holocaust. Christian churches from the time of Constantine in the fourth century had wanted to convert Jews, and medieval Christian churches throughout Europe engaged in varying degrees of persecution because they felt it was the Jews who had crucified Christ. This belief formed the basic foundation for anti-Semitism and was never contradicted, or even addressed directly, by any religious group throughout this period.
>
> 'Holocaust' in the *Encyclopedia of Politics and Religion* (London, Routledge, 1998), p. 338

9. The Pope and Mussolini sign the Concordat between the Italian State and the Vatican.

It does seem undeniable that the history of Christian anti-Semitism is at least partly to blame for creating the mindset within which the Holocaust could even be conceivable.

A more general point is that religion in general has tended to operate by setting up dichotomies between the righteous and the unrighteous, the saved and the damned, good peoples and bad ones. In this sense religion is by its nature not only divisive, but divisive in a way which elevates some people above others. It is not too fanciful, I think, to see how the centuries of religious tradition in Western society made possible the kind of distinction between the superior Aryans and the inferior others which Nazism required.

The idea that atheism was therefore the driving force of European fascism does not therefore seem at all persuasive. On the contrary, it seems to me at least that religion is probably more responsible for its horrors than atheism. However, it is not essential to my defence of atheism that the blame is instead taken by religion. It is enough to show that there is nothing particularly atheist about fascist ideology or practice, and that therefore it is just wrong to blame atheism for its terrors.

Things are rather different when it comes to Soviet. Here, there is no question that we had an avowedly and officially atheist state. We also saw, under Stalin's rule, mass extermination on a horrific scale. Does that mean atheism should be blamed for the disasters of Stalinism?

The fact that the Soviet Union was atheist is no more reason to think that atheism is necessarily evil than the fact that Hitler was a vegetarian is a reason to suppose that all vegetarians are Nazis. It is certainly an historical refutation of the idea that atheism must always be benign, but it is a very naïve atheist who thinks that it is impossible for atheists ever to do wrong. Christian critics who also think that the Soviet Union provides some kind of refutation of atheism would, by their own logic, have to accept that atrocities such as the crusades or inquisitions refute Christianity.

If the history of the Soviet Union is to be used in a case against atheism, it therefore has to be shown that it was somehow an inevitable or logical consequence of atheist beliefs. However, this is simply not plausible. The mere existence of millions of humane atheists in Western democracies who have no truck with Soviet shows that there is no essential link between being an atheist and condoning the gulags.

However, there is I believe a salutary lesson to be learned from the way in which atheism formed an essential part of Soviet communism, even though Soviet communism does not form any essential part of atheism. This lesson concerns what can happen when atheism becomes too militant and Enlightenment ideals too optimistic.

Soviet communism had its intellectual roots in the communist philosophy of Karl Marx. Marx is well known for his adage that religion is 'the opium of the people'. But it is a mistake to take this phrase in isolation and suppose that Marx therefore thought religion needed to be abolished by force as soon as possible. Marx did believe in the abolition of religion, but the means of doing this would be to create a society in which the people no longer needed its consolations. There would be no need to ban religion since in a communist state it would simply become unnecessary.

So, we can see how Soviet communism is already two steps removed from the central beliefs of atheism. First, communism is just one atheist belief, and certainly not the most popular one. Second, Soviet communism, with its active oppression of religion, is a distortion of original Marxist communism, which did not advocate oppression of the religious.

In fact, even though it was officially atheist, it is not even true to say that the Soviet Union and the Church always had an antagonistic relationship. Stalin permitted the formation of the Moscow Patriarchate, a central body for the Russian Orthodox Church. According to historian Michael Bordeaux, throughout the years of Soviet rule, the Patriarchate

> overtly backed every military initiative of the Soviet regime: suppression of the Hungarian uprising (1956), the erection of the Berlin Wall (1961), the invasion of Czechoslovakia (1968) and Afghanistan (1979).
>
> 'Russia' in the *Encyclopedia of Politics and Religion* (London, Routledge, 1998), p. 657

Post-Soviet claims that the Church had opposed the Soviet regime all along just don't wash.

So atheists can consistently distance themselves from the terrors of Stalin by simply pointing out that Soviet communism is not even a logical extension of Marxist communism, let alone a logical extension of core atheist values, which are not communist at all. However, although this defence is certainly enough to justify a 'not guilty' verdict in the court of history, the Soviet experience does point to two dangers of atheism. The first of these is a too-zealous militancy. It is one thing to disagree with religion and quite another to think that the best way to counter it is by oppression and making atheism the official state credo. What happened in Soviet Russia is one of the reasons why I personally dislike militant atheism. When I heard someone recently say that they really thought religious belief was some kind of mental illness and that they looked forward to a time in the future when religious believers would be treated, I could see an example of how militant atheism can lead to totalitarian oppression. But this is not a danger specific to atheism. Fundamentalism is a danger in any belief system, and that is why I think the main danger we need to guard against is not religion but fundamentalism of any description.

Atheism's model should not thus be Soviet-style state atheism but Western-style state secularism. Indeed, secularism has been one of the great triumphs of Western civilization and one of the proudest legacies of the Enlightenment. The overwhelming majority of atheists do not want to see an atheist state but a secular one, in which matters of religion and belief are not regulated by government but left to individual conscience, in line with the broadly liberal tradition of individual liberty. The state should only intervene in religious matters to counter extremism which threatens the liberty of its citizens.

The second danger Soviet communism warns us against is the belief that society can be ordered by rational principles without regard to its traditions and history or a respect for the liberty of the individual. It should be remembered that many Western intellectuals, including atheist free-thinkers like Bertrand Russell, were originally very optimistic about the Soviet revolution. There was a naïve belief that it was possible to wipe the slate of society clean and start again following only rational principles of what is fair, just, and efficient. This wholesale disregard or denial of the importance of human nature and cultural traditions is partly responsible for the terrors that followed.

It is not at all necessary for atheists to go along with this belief and, indeed, hardly anyone now accepts it after having seen its consequences in the last century. Nevertheless, there is a danger in rational atheism of overestimating the extent to which things could be better if only we ordered society more rationally. If this means imposing a 'more rational system' on an unwilling populace, the results will be catastrophic.

Conclusion

There are, I think, several interesting insights into atheism which can be gleaned by looking at its history. The first is that the rise of atheism is essentially linked to the emergence of rationalism in

Ancient Greece and its subsequent march forward in the Enlightenment. Atheism is thus part of a progressive story of human culture in which superstition is replaced with rational explanation and in which we lose the illusions of the supernatural realm and come to learn how to live within the natural one.

The second is the negative point that atheism is not to be blamed for the terrors of 20th-century totalitarianism. There is, however, a need to remember that militant or fundamentalist atheism, which seeks to overturn religious belief by force, is as dangerous as any other form of fundamentalism. Atheism's most authentic political expression thus takes the form of state secularism, not state atheism.

Chapter 6
Against religion?

Wrong and bad

There is a perception of atheists that their main concern is to attack religion. This is part of the wider perception of atheism as being essentially anti-religious in character, rather than pro-naturalist. This perception is hard to shift, because in most countries of the world, religions get more respect than atheism, and thus atheists find themselves fighting their corner and being seen as troublesome enemies of religion in the process.

One recent incident in the United Kingdom illustrates how easy it is for the wrong impression to be made. There is a long-running three-minute slot on the most important morning radio news programme in the country called 'Thought for the Day'. In an otherwise secular programme, this allows spokespeople from a number of religions to offer a supposedly edifying, though more often than not trite, homily. The three main atheist membership organizations in the country, the British Humanist Association, the National Secular Society, and the Rationalist Press Association, have long campaigned to allow non-religious viewpoints in the slot. The point is not that they want the religious viewpoints removed. It is rather that they are justifiably irritated at being excluded and angry that this reinforces the message that only religions can speak with authority on matters of ethics and life-guidance.

However, when a letter protesting about the exclusion of atheists signed by many prominent people in public life received news coverage, many perceived the whole campaign as atheists engaging in a petty attack on the religious. (It did not help that the BBC commissioned a one-off alternative thought for the day from a vociferous opponent of religion whom they must have known would, and perhaps encouraged to, take the opportunity to be hostile.) Just as many feminists who want only equal representation for women have been lazily caricatured as 'man-haters', so atheists who object to the religious monopoly on values education are labelled 'anti-religious'.

Atheists are *necessarily* anti-religious in one sense only: they believe that religions are false. But in this sense of the word 'anti' most Muslims are anti-Christian, most Christians anti-Jewish, most Protestants anti-Roman Catholic, and so on. We would be wise, however, not to start calling all of these groups anti-whatever just because they disagree. To set any group up as 'anti' another suggests more than disagreement, it suggests hostility, and atheists are no more required to be hostile to the religious than Jews are required to be hostile to Hindus.

Of course, there are anti-religious atheists, just as there are in fact anti-Protestant Catholics and vice versa. I will look at some of the reasons for adopting such a hostile attitude later. But such hostility is neither inevitable nor required by atheism.

Atheist opposition to religion is thus essentially an opposition to its truth. So it is necessary for any defence of atheism to address the challenge posed by religious belief. After all, many intelligent people are religious and it is not good enough for atheists to simply dismiss religious belief as foolish superstition. I have so far shown how strong the case is for atheism. To complete the argument, however, it is necessary to consider the merits of the major alternative.

Arguments for God's existence

Pick up any introduction to the philosophy of religion and you'll see a number of traditional arguments for the existence of God. Great sport can be had showing why these arguments fail, but to my mind it is not worth spending too much time on them for the simple reason that these arguments don't provide the reasons why people become religious. This isn't just my view, but the honest opinion of many religious people who give much thought to the arguments. For instance, Peter Vardy, a Christian philosopher and author of several leading textbooks in the philosophy of religion which consider these arguments, calls them 'a waste of time'. Russell Stannard, the leading physicist who wrote a book called *The God Experiment* on evidence for God's existence, says, 'I don't have to believe in God, I *know* that God exists – that is how I feel'. In other words, evidence and arguments are neither here nor there – it is personal conviction that really counts.

What then is the true function of the so-called arguments for God's existence? Vardy's explanation of Aquinas' intentions in formulating his versions of the argument seems to offer the best explanation. 'I think what he was trying to do was to show everybody who believed – and after all, everybody did – that belief was rational', he says. 'I'm not at all sure he would have conceived it as a stand-alone proof.'

Vardy is basically defining a form of argument called apologetics. The function of such arguments is not to show that God exists, but to show that belief in God does not require any irrationality. It is about reconciling belief and reason, not showing belief to be justified through reason. To see the difference, consider this analogy. A groom-to-be wakes up on his wedding morning to find his fiancée has disappeared without trace. He believes without adequate rational justification that she has gone to South America to reunite with a former lover. He thus lacks rational grounds for his belief, but that does not mean that his view is necessarily contrary to reason either. As long as his belief is consistent with the evidence, it can be reconciled to reason, if not justified by it.

I think that the traditional arguments for God's existence work in the same way. They do not prove that God exists. At best they can show that belief in God's existence is consistent with reason and evidence. They aim to show that God's existence is neither contrary to nor supported by reason, but compatible with it, just as the groom's belief is compatible with the evidence, but no more.

What then are these arguments? I do not wish to spend too much time on them, but it is worth at least sketching out their general form and showing their inadequacies, if only because versions of them are sometimes wheeled out by religious believers to challenge the atheist.

The cosmological argument

The cosmological argument in a nutshell is that since everything must have a cause, the universe must have a cause. And the only cause of the universe that could be up to the job is God, or at least that the best hypothesis for the cause of the universe is God. The cosmological argument is there whenever someone turns around and says to the naturalist, 'Ah, well the universe may have begun with the big bang, but what caused the big bang?'

The argument is to my mind utterly awful, a disgrace to the good name of philosophy and the only reason for discussing it is to expose sloppy thinking. One fatal flaw among many is that the argument is based on principles it then flouts. The intuitive principles that lie behind the argument are that nothing exists uncaused and that the cause of something great and complex must itself be even greater and more complex. But it ends by hypothesizing God's existence as simple and uncaused. If it is possible for God to exist without a cause greater than God, why can't the universe exist without a cause greater than itself? Either the principles that inform the argument stand or they don't. If they stand, then God requires a cause and the causal chain goes back *ad infinitum*. If they don't, then there is no need to hypothesize God.

The second fatal flaw is that even if the logic of the argument works, we do not arrive at God. What we arrive at is a cause which is greater and more complex than the universe itself and which is itself uncaused. Whether or not this resembles the traditional God, who is much more like an individual personality than a super-universe, is surely open to question. So the argument cannot really establish that the cause is anything like God at all.

Viewed as an example of apologetics, however, we can see the true merits of the argument. It shows how it is possible for the religious to reconcile their beliefs with what we know about the universe. It is compatible with reason and what we know to suppose that the big bang was caused by God, and it is possible that all things within the universe must have a cause but that the causal chain, since it must stop somewhere, stops with God. So just as long as the believer does not mistake the argument as evidence for God's existence, they can maintain the argument as a demonstration of the *rational possibility* of their belief in God. This leaves open the question of what really *justifies* belief in God, which we will come to shortly.

One further caution is that this kind of argument is precarious as it essentially hypothesizes a 'God of the gaps'. God is invoked to explain what we cannot currently explain. This is a risky strategy. After all, people previously invoked God to explain all sorts of natural phenomena we later explained, and each time God had to retreat further back into the unknown. In this case God has retreated to behind the blue touch-paper that started the universe going. Such a God is fast running out of places for believers to hide him.

The teleological argument

This is another terrible argument that compares the universe to a mechanism such as a watch. If you find a watch you have to suppose that there was a watchmaker. Such a complex, intricate mechanism could not have come into existence by pure chance. Now consider the universe: it is even more intricate and complex and so there is even more reason to suppose it did not come into existence by chance. Therefore, there must be some great architect or designer behind it: God.

The analogy fails because the universe just isn't a mechanism like a watch. When we see a rabbit, for example, we do not look for a rabbit-maker. We think instead it had parents. Unlike artefacts, objects in the natural world emerge through natural processes, processes which are pretty well understood. Read a book like Richard Dawkins' *The Blind Watchmaker*, for example, and you can see how evolution accounts for the appearance of design we find. Indeed, if you look at what we do know about how universes form and organisms grow, the hand of any designer is conspicuous only by its absence.

Furthermore, as David Hume pointed out, we can only hypothesize a watchmaker because we know by experience what the cause of watches are. We have no such experience of causes of the universe, so we are not justified in making any assumptions about who or what they might be. We might add that it seems terribly anthropocentric to suppose that the creator of the universe is some kind of deluxe personality, an omnipotent, omnibenevolent, and omniscient version of ourselves. Why shouldn't it be something more abstract, not recognizable as the traditional God of religion at all?

So once again the argument fails spectacularly to establish God's existence, but it does provide room for God. It is not contrary to reason and evidence to believe that there is an intelligent mind behind all this. But that is not to say there are positive reasons to believe that there is. Those reasons are still elusive.

The ontological argument

The ontological argument is at least philosophically interesting, but it is not more successful. Indeed, in some ways it is the weakest of the three arguments because it doesn't even contribute to apologetics.

There are many versions of the ontological argument. What they all have in common is that they attempt to show there is some kind of logical contradiction generated if we suppose that God does not exist, and that therefore God by logical necessity must exist.

One way of doing this is to think of the concept of God and to recognize that such a concept is of a supremely perfect entity. Now a perfect entity that did not exist is clearly not supremely perfect, since an entity which is the same but existent would be superior. So the concept of a supremely perfect entity must be a concept of an existing entity, and therefore by examining the concept of God alone we can see that God must exist by pain of contradiction.

The way I have summarized this argument makes its flaw clear: all we can show by logic is that the *concept* of God includes the *concept* of existence. But these are merely truths about concepts. We cannot, however, move from such truths about concepts to reach conclusions about what exists in the real world. For example, the concept of a circle is clearly defined by mathematical formulae, but we cannot conclude from the concept of a circle that any actual circles that meet the strict mathematical formulation exist in the real world, or even that real space conforms to the rules of Euclidean geometry within which circles are defined.

There is another way in which we can see how the ontological argument goes awry. The argument works by showing a supposed logical incompatibility between God and non-existence. This is analogous to other pairs of concepts that logically require each other. Descartes talked about mountains and valleys, for example. There is a similar dependence of the concepts of wife and husband. What this logical dependence shows is that a wife without a husband cannot exist (as a wife that is – the woman who is the wife could exist without a husband, it's just that she would no longer be a wife!). Continue the analogy with God and existence and you do not get the stunning conclusion that God must exist, but the banal truth that a God without existence could not exist. This does not mean that God must exist, but that *if* God exists, God must exist.

Many volumes have been written about the ontological argument, but most philosophers would now agree that it makes the mistake of leaping from truths about concepts to truths about existence, a leap which is not logical. The argument thus joins the teleological and the cosmological in the philosophical filing cabinet marked 'past mistakes to be learned from'.

What then justifies belief?

I am sure that most religious believers will not be too concerned to see these arguments get short shrift because very few, if any, religious believers were persuaded to adopt their faith on the basis of them. But if arguments like these cannot justify belief, what can? As a matter of fact, it seems that most religious believers justify their faith by an inner conviction. As Russell Stannard said, for the believer, it is as though they know God exists and no further arguments are required. The leading Christian philosopher of religion Alvin Plantinga calls this faith, understood as 'a special source of knowledge, knowledge that can't be arrived at by way of reason alone'.

I think it's important that believers and non-believers recognize this. If this is indeed the ground of religious belief, then it is disingenuous for believers to put forward arguments to support their beliefs. Similarly, it is futile for atheists to attack the religious with arguments undermining these reasons for belief if they are not genuine reasons for belief at all.

Grounding religious belief in this kind of conviction, which feels to the believer like the direct apprehension of absolute truth, can utterly negate the power of all the arguments for atheism I have advanced so far. We can compare this to the force of argument against the existence of the self. Descartes famously said that the one thing he could not doubt was the existence of his own self. Many would agree with him, with the consequence that no rational argument against the existence of the self could shake the basic conviction we have of our own existence. Scepticism dissolves when confronted with the phenomenological certainty – the indubitable feeling – of our own existence. For many religious believers, their belief in God's existence is of comparable strength. They feel the truth of God's existence so strongly that they can no more doubt it than they can doubt the existence of their own selves.

I personally have little interest in trying to destroy these convictions, except when the holding of them leads to unpleasant and bigoted actions and proclamations, as can be the case with fundamentalist believers of all religions. I would, however, say two things about this which are of interest to believers who are prepared to at least question their convictions and to atheists striving to understand religious belief.

The first is that we should be very careful about what we say cannot be doubted. 'Cannot be doubted' can really mean 'don't want to doubt' or 'cannot imagine the thing being doubted not being true'. It may seem to the religious that they can no more doubt God's existence than their own, but this cannot be universally true, since plenty of people lose their belief in God and yet no psychologically healthy person loses her belief in herself (although plenty, after philosophical reflection, lose their belief in what they thought the self was). To those who say they cannot imagine the possibility of

God not existing, I say try a little harder. Imagine what it is like for atheists. You must be able to see that they can not only live, but live with purpose and values. Try and imagine what it is like for such a person to live without God, and then try and imagine yourself living such a life.

The second point is to recognize that this reliance on faith – an inner conviction which is not based on reason or evidence but is seen as a source of knowledge – has to be viewed honestly as a risky strategy. What needs to be acknowledged is that around the world people have the same kind of conviction but with very different specific content. As an extreme example, people have felt convinced that God was calling them to commit acts such as the 11 September 2001 attacks on the United States. On a more everyday level, people tend to understand the God they feel the presence of in terms of the image of God presented to them by their local religion. People in Muslim countries, for instance, do not feel the presence of Jesus. Indeed, even within Christian cultures, what people report to know the existence of changes over time and across denomination. Most strikingly, whether people say they feel the presence of God, Jesus, or the Holy Spirit depends a lot on which Church they belong to. This is no mere technical issue that can be glossed over by appeal to the doctrine of the trinity – that all three are part of the one God. In the Bible, Jesus often distinguishes himself from God. 'Why do you call me good?', he reportedly said, 'No one is good – except God alone' (Mark 10:18 and Luke 18:19). This shows why the difference between the three members of the trinity is important for Christians, and thus why it should be puzzling that different people feel a direct conviction that one of the three exists.

For many atheists, the mere fact that people use the same grounds – personal conviction – to justify belief in different, incompatible religions is enough to show that such convictions cannot be the proper basis for religious belief. This is because these convictions support all religions equally, yet not all can be true. Anything that can be used to justify numerous incompatible beliefs cannot be a secure ground for belief. The religious person will still probably reply that they simply can't talk for other people – they know what they know and that is that. But relying on one's personal convictions when there is clear evidence that such convictions are not a reliable source of knowledge, since they convince people of radically different, incompatible things, is to say the least risky, if not plain rash. This is why even some theologians talk about the 'risk of faith'. Faith is indeed a risk because it runs counter to the kinds of reason and evidence that are reliable and relies instead on reasons and evidence of inner convictions that are unreliable. That is why evidence and argument will always favour the atheist, but also why there will still be religious believers nonetheless.

Militant atheism

Although I have argued that atheism is not necessarily hostile to religion, there are, of course, some atheists who are hostile to religion, and not just to fundamentalist religions, which attract hostility not only from atheists but moderate religious believers. Atheism which is actively hostile to religion I would call militant. To be hostile in this sense requires more than just strong disagreement with religion – it requires something verging on hatred and is characterized by a desire to wipe out all forms of religious belief. Militant atheists tend to make one or both of two claims that moderate atheists do not. The first is that religion is demonstrably false or nonsense, and the second is that it is usually or always harmful.

Consider the charge of falsity first of all. Bearing in mind what I have already argued about faith's need to go beyond, and indeed sometimes ignore, strong forms of evidence and argument, it is perhaps a small step from here to conclude that religion is therefore irrational. The problem in making this charge stick, however, is that the disagreement between believers and atheists is often precisely about the proper limits of rationality and evidence in belief. The believer sees the atheist's refusal to believe in anything that is not established by the ordinary standards of argument and evidence as too narrow. Typically they will talk of the atheist needing to open up their hearts to God or being too arrogant in their belief that their standards of rationality are sufficient for understanding all the mysteries of existence. The upshot of this line of argument is that religion may be irrational by certain standards, but then so much for those standards.

A good example of the clash of these two opposing viewpoints can be seen in one of the better arguments in the philosophy of religion, the so-called problem of evil. This is an argument against the existence of God as usually understood. The idea is simple. God is supposed to be all-powerful, all-knowing, and all-loving. Yet there is avoidable suffering in the world. When we say avoidable, we do not just mean that it could be avoided if people acted differently. We also mean avoidable in the sense that a creator of the universe could have avoided such suffering ever coming to be. For example, there seems to be no reason why God could not have created a universe where extreme pain and particularly nasty diseases were not possible. He could also have made human minds more robust so that the lack of empathy required to torture other people was not possible.

The existence of avoidable suffering in the world seems to be an undeniable fact. This must mean one of three things: God can't stop it, which means he is not all-powerful; he doesn't want to stop it, so he isn't all-loving; or he doesn't know about it, which means he isn't all-knowing. This is the so-called problem of evil, and it seems to present a strong case for saying that the traditional Judaeo-Christian God can't exist.

There is a way out: God can stop it and wants to stop it but doesn't because it is better for us in the long run that such suffering exists. Such attempts to reconcile the existence of evil and God are known as theodicies, and these are further examples of apologetics. But as

10. And God so loved the world?

with all apologetics, the problem is that the arguments serve the needs only of the believer. For many who believe in God, the problem of evil is a problem, not because it genuinely threatens to undermine their belief, but because they want to be able to explain what on the face of it looks inexplicable. But crucially, many religious believers would be prepared to live with the inexplicability of evil if they could not find a decent theodicy. For many believers, the existence of God is like the existence of time – they believe it exists even if its existence seems to generate logical paradoxes.

For the atheist, the problem of evil demands an answer, and an inability to provide a good one adds to the case against God's existence. For the believer, a solution would be nice, but is not necessary. For militant atheists, this is evidence that religious believers have effectively opted out of the usual standards of truth or falsity. Their refusal to be bothered by seeming contradictions shows that they are essentially irrational in their beliefs. Religion is thus by all ordinary standards demonstrably false, and this claim can only be refuted by rejecting the standards of proof and evidence that intelligent discourse relies upon.

I have a great deal of sympathy with this militant view, but am held back from embracing it by a simple methodological principle I described earlier: avoid dogmatism, meaning always leave open the possibility that one is wrong. I think that the arguments all do point towards the falsity of religion. But because there are no standards for judging these questions shared by atheists and believers, I think that simply asserting that one's own standards must be right is dogmatic. It is enough for me that the arguments and evidence, to my mind, all point to the falsity of religion. I also think that all rational people should agree with me on this, but a good deal do not, and I think it healthier to at least admit the possibility that there is something in what they believe than to simply stamp my foot and curse their stupidity. Though, of course, I do that from time to time as well.

Harmful religion

The second ground for being a more militant atheist is the claim that religion is harmful. One way of making this case is to say that it is always a bad thing to believe what is false and that since religion is false, it is always bad. 'Harm' is here something obviously more abstract than physical harm and implies some kind of lack of integrity to the truth.

The problem with this line of attack is that it only justifies hostility to a belief if it is certainly false, since people disagree about many things and were we to be hostile to all of them the world would be a terrible place. So in order to be militant on these grounds, one would also have to be dogmatic in one's atheism, a stance I rejected in the previous section.

An alternative line of attack is to follow Nietzsche (accurately or not) and say that religion is always harmful because it is life-denying rather than life-affirming. Religion encourages us to seek rewards in the illusory next world rather than in this one and therefore robs people of the motive to make the most of the only life they have. The problem here is that not all religious belief is actually life-denying. Certainly, religions teach a certain amount of restraint, but so do all ethical systems. And it certainly does seem to be true that many religious believers do lead full and happy lives. So as grounds for taking a militant line against all religion, this seems rather shaky.

A third idea is that one cannot separate out religion's harmful effects from its more benign ones. Certainly, if you turn up at a typical Church of England Sunday morning service you won't find anything too objectionable. But moderate religious belief is part of a network of belief that includes the more harmful fundamentalist wings. It is just an illusion to think that one can exist without the other. Moderate religious belief is part of the justificatory framework that legitimizes more extreme beliefs. Fundamentalism needs moderate religion because without it it would be recognized for the dangerous nonsense it is. I think there is something in this, but I am concerned that the same argument could apply to any belief which comes in moderate and extreme forms. For instance, misogynists attempt to legitimize their beliefs by appealing to evidence that suggests there are differences between men and women and exaggerating the significance of these. But misogyny is not the same as believing in certain sex differences, and to oppose the latter because of its association with the former is to confuse reasonable beliefs with mindless prejudices.

I am not then convinced that a strong case can be made that religion is essentially and especially harmful. Nor do I believe that a firm belief in the falsity of religion is enough to justify militant opposition to it. At root, though, I think my opposition to militant atheism is based on a commitment to the very values that I think inspire atheism: an open-minded commitment to the truth and rational enquiry. These are rightly called values because they express not only claims about what is true but about what we feel to be most important. Hostile opposition to the beliefs of others combined with a dogged conviction of the certainty of one's own beliefs is, I think, antithetical to such values. Reason and argument are not just tools to be used to win over converts. They are processes that need to be engaged with, and to engage in them with other people one needs to be open to their alternative viewpoints. They cannot be engaged with properly if they are seen as battering rams to destroy the edifice of religious belief.

Conclusion

A great atheist read is Bertrand Russell's *Why I am not a Christian*. I thoroughly enjoyed reading it, yet felt that if Russell intended the book to speak to Christians, he had entirely failed. In this chapter I hope to have explained why. One can make a strong case against religious belief and one can show how the traditional arguments for religious belief are hollow. One can even explain how belief often rests on personal convictions which are an unreliable source of knowledge. But the problem with using such arguments to persuade others to become atheists is that believers often do not even accept their founding assumptions. They are starting from somewhere else. The atheist may begin with the basic laws of logic, such as the principle that a thing cannot both be and not be at the same time. But the believer often begins with a conviction that God exists that is even stronger than the logician's belief in their first principles. This belief trumps all reason.

The best we can do therefore is to show believers who may think that they have rational grounds for their belief that they are wrong. We can force them to choose, in other words, between taking the risk of faith and restricting their use of reason to apologetics, or giving up their religious belief altogether. I think that relatively few will take the second path. But as more do so, and religious convictions become less and less likely to be passed on by parents, educators, and the Church, so the force of reason may generally hold more sway. Religion will recede not by atheists shouting condemnation, but by the quiet voice of reason slowly making itself heard.

Chapter 7
Conclusion

Another time, maybe

In a short book like this it is inevitable that much has been left out. Although I offer no apologies for these omissions, it is worth pointing in the direction of some of the other lines of enquiry about atheism that readers may wish to pursue.

First, I have not spent a lot of time discussing the thoughts of particular great thinkers of the past. This is because I wanted to keep the focus on arguments which have the most general force and appeal rather than the specific words of specific thinkers. For those interested in what the greats have thought, the works of David Hume, Friedrich Nietzsche, Sigmund Freud, Bertrand Russell, Jean-Paul Sartre, and Albert Camus are well worth your time. Some suggestions are listed in the reading and references.

Second, I have not discussed some of the more sophisticated defences of theistic belief, for the simple reason that I did not want this book to be detailed discussion of the failings of religion but a rigorous defence of the strengths of atheism. For those interested in the best religion can now offer, the works of the Christian philosopher Alvin Plantinga are of great interest, as is the non-realist theology of Don Cupitt. Cupitt finds himself under fire from Christians and atheists, who both think he is actually an atheist after all and should just admit it, but I think his attempt to save something distinctive from the wreckage of religious belief is admirable and has lessons for believers and atheists alike.

Another theme that has not been discussed in detail is the specific nature of the threats science makes to religious belief. I have focused instead on the wider and more positive issue of how rationalism supports atheism. I also think the science versus religion issue is a little tired and has been discussed many times already.

A fourth line of attack against religion, which I have again avoided to keep the emphasis on the positive, involves claims that religious belief is literally nonsensical or incoherent. These kinds of arguments were popular among the logical positivists in the early 20th century and were brought to the British public's attention by the philosopher A. J. Ayer. However, logical positivism's star has faded and I am unconvinced that the best way to engage with religious believers is to start from the premise that their beliefs are gibberish, rather than just false.

Humanism

The kind of positive atheism I have been arguing for in this book is sometimes called humanism. In the broad sense of the term, humanists are simply atheists who believe in living purposeful and moral lives. However, I have preferred the more general term atheist for several reasons. First of all, humanism is more ambiguous: there are people who call themselves Christian humanists, for example. Second, humanist is not a term most atheists use for self-designation. There are a few explanations for this. The first is that, since most developed countries have organized humanist membership associations, some people think that being a humanist is like being a member of a quasi-religious group. So if they are not members of their national humanist association, they are not humanists. I think this is false, but as a matter of sociological fact, the existence of humanist groups does have the consequence that they have become the main point of identity for people calling themselves humanists.

Another reason why people might avoid the term is that there is a more particular kind of humanism which is a very specific subset of atheism. This kind of humanism focuses on the 'human' part of the word and is founded on the idea of the superiority of the human race and the desire to celebrate and further the good of the species. Many atheists and other types of humanist reject this because they do not see any reason to glorify *homo sapiens* or make the species the central point of our concern. Rather, our concern should be with individual lives, and also perhaps the welfare of other species who are capable of complex consciousness. Within the broad movement of humanism there is an ongoing debate about how much concern we should give to other animals, so it would be wrong to think that all humanists share this anthropocentrism. Nevertheless, because some branches of humanism are species-centric in their concerns, some people are wary about calling themselves humanists.

I don't much care what label we use – for me the terms positive atheist and humanist (with a small h) are coterminous. There is more potential for confusion if we use the term 'humanist', but it is certainly worth pointing out that the atheism which has been described in this book really is a form of humanism.

Return to the dark side

I started this book talking about the slightly sinister, threatening image atheism has. In many ways, the whole purpose of the book has been to dispel this image. Nevertheless, as we come to the end it needs to be acknowledged that atheism does retain some edge of darkness, but for different reasons.

Many atheists throughout history have compared their belief with a form of growing up. Freud, for instance, saw religious belief as a kind of regression to childhood. With religion, we are like children who still believe that we are protected in the world by benevolent parents who will look after us. It is no coincidence that God is referred to as father in the Judaeo-Christian tradition.

Atheism is the throwing off of childish illusions and acceptance that we have to make our own way in the world. We have no divine parents who always protect us and who are unquestionably good. The world is instead a big and scary place, but also one where there are opportunities to go out and create lives for ourselves.

The loss of childhood innocence is a double-edged sword. There is something to lament and something to fear, hence the dark tinge of an atheist belief system which is akin to this loss. But it is also the precondition for meaningful adult lives. Unless we lose our childhood innocence we cannot become proper adults. In the same way, unless we cast off the innocence of supernatural world views, we cannot live in a way that does justice to our nature as finite mortal creatures. Atheism is about moving on and taking the opportunities that life affords, and that carries with it risks of failure and the rejection of reassuring illusions.

It is this realism that means atheism cannot ever be presented as an undiluted, positive joy. Real life is about accepting ups and downs, the good and the bad, the possibility of failure as well as the ambition to succeed. Atheism speaks to the truth about our human nature because it recognizes all this and does not seek to shield us from the truth by myth and superstition.

References and further reading

What is atheism?

I avoided reading Daniel Harbour's *An Intelligent Person's Guide to Atheism* (London, Duckworth, 2001) so I wouldn't be writing this book in its shadow. However, I have heard many good things about it and shall be picking it up as soon as I finally put my mouse down.

Gilbert Ryle's idea of the category mistake is extremely useful for understanding the naturalist-physicalist world view. It is described in his *The Concept of Mind* (London, Hutchinson, 1949).

The case for atheism

The classic philosophical texts mentioned are all available in various editions: David Hume's *An Enquiry Concerning Human Understanding* (1748), Søren Kierkegaard's *Fear and Trembling* (1843), and Blaise Pascal's *Pensées* (1660). The latter's famous wager argument is widely anthologized and is in Nigel Warburton's *Philosophy: Basic Readings* (London, Routledge, 1999).

A good introduction to the philosophical issues of the self is Jonathan Glover's *I: The Philosophy and Psychology of Personal Identity* (London, Allen Lane, 1988).

For a comprehensive guide to argumentative moves and methods, I'll be brazen and recommend my and Peter S. Fosl's *The (Halic) Philosopher's*

Toolkit: A Compendium of Philosophical Concepts and Methods (Oxford, Blackwell, 2002).

Atheist ethics

Plato (*c.*428–347 BCE) presents the Euthyphro dilemma in his dialogue called, surprisingly, *Euthyphro*. Kant discusses his categorical imperative and the universal form of moral law in his *Groundwork of the Metaphysics of Morals* (1785). Aristotle (384–322 BCE) discusses character and human flourishing in his *Nicomachean Ethics* (often just called *Ethics*). Mill advocates his consequentialist philosophy in *Utilitarianism* (1861). Hume talks about reason being the slave of the passions in his *Treatise of Human Nature* (1739–40), but his main work on moral philosophy is *An Enquiry Concerning the Principles of Morals* (1751).

For existentialist moral philosophy, read Sartre's short but sweet *Existentialism and Humanism* (London, Methuen, 1948). The Woody Allen short story is 'The Scrolls', found in *Complete Prose* (New York, Random House, 1991).

Finally, an excellent single volume containing short essays on almost every aspect of moral philosophy is *A Companion to Ethics*, edited by Peter Singer (Oxford, Blackwell, 1991).

Meaning and purpose

The works already cited by Sartre and Aristotle are also relevant to this theme. Nietzsche's *On the Genealogy of Morals* (1887) discusses the idea of slave morality. Not many contemporary moral philosophers tackle the issue of the meaning of life directly. One who has done so is Thomas Nagel, and his *Mortal Questions* (Cambridge University Press, 1979) and *The View from Nowhere* (Oxford University Press, 1986) both have sections devoted to it.

To understand evolution and how it doesn't explain the meaning of life, Richard Dawkins' *The Selfish Gene*, 2nd edn. (Oxford University Press, 1989) remains the classic text.

The Ray Bradbury short story is in his *The Martian Chronicles*, a.k.a. *The Silver Locusts* (London, Rupert Hart-Davis, 1951).

Atheism in history

There are not many histories of atheism. Fortunately, *Western Atheism: A Short History* by James Thrower (New York, Prometheus Books, 2000) and *A History of Atheism in Britain: From Hobbes to Russell* (London, Routledge, 1988) between them cover most of what you'll want to know.

The Encyclopedia of Politics and Religion, edited by Robert Wuthnow (London, Routledge, 1998) is an excellent source of information about the roles of religion and atheism in history. See especially the entries on 'Atheism' by Paul G. Crowley (pp. 48–54), 'Fascism' by Roger Griffin (pp. 257–64), 'Germany' by Uwe Berndt (pp. 299–302), 'Holocaust' by Kristen Renwick Monroe (pp. 334–42), 'Italy' by Alberto Melloni (pp. 399–404), 'Papacy' by R. Scott Appelby (pp. 590–5), 'Russia' by Michael Bordeaux (pp. 655–8), and 'Spain' by William Callahan (pp. 711–14).

Emilio Gentile's discussion of the sacralization of politics is in *Le religioni della politica. Fra democrazie e totalitarismi* (Roma Bari, Laterza, 2001).

Truth and Truthfulness by Bernard Williams (Princeton, Princeton University Press, 2002) contains an interesting discussion of Thucydides and the study of history.

Against religion?

Interviews with Russell Stannard and Peter Vardy in which they talk about what grounds their religious faith are found in *What Philosophers Think*, edited by myself and Jeremy Stangroom (London, Continuum, 2003).

Two very different introductions to the philosophy of religion are *Arguing for Atheism* by Robin le Poidevin (London, Routledge, 1996), which takes a fictionalist line, and the more traditionally neutral *God of Philosophy* by Roy Jackson (Sutton, TPM, 2001).

Anyone still impressed by the argument from design should read Richard Dawkins' *The Blind Watchmaker* (New York, W. W. Norton, 1986). Hume's *Dialogues Concerning Natural Religion* (1779) still stand up well as devastating attacks on traditional arguments for the existence of God.

Finally, *Why I am not a Christian* by Bertrand Russell (London, George Allen and Unwin, 1957) is a great read for atheists and agnostics, but unlikely to sway the committed.

Conclusion

Some classic texts by the greats are the *Myth of Sisyphus* by Albert Camus (London, Hamish Hamilton, 1955), *The Future of an Illusion* by Sigmund Freud (London, Hogarth Press, 1928), and *Language, Truth and Logic* by A. J. Ayer (London, Victor Gollancz, 1936).

For a look at how science challenges many of our long-standing beliefs, try Daniel C. Dennett's *Darwin's Dangerous Idea* (New York, Simon & Schuster, 1995).

Don Cupitt has written many books on his non-realist theology. *The Sea of Faith*, 2nd edn. (London, SCM Press, 1994) is recommended. For Plantinga's sophisticated Christian thought, a good place to start is *The Analytic Theist: An Alvin Plantinga Reader*, edited by James F. Sennett (Michigan, Eerdmans William B. Publishing, 1998).

“牛津通识读本”已出书目

古典哲学的趣味
人生的意义
文学理论入门
大众经济学
历史之源
设计，无处不在
生活中的心理学
政治的历史与边界
哲学的思与惑
资本主义
美国总统制
海德格尔
我们时代的伦理学
卡夫卡是谁
考古学的过去与未来
天文学简史
社会学的意识
康德
尼采
亚里士多德的世界
西方艺术新论
全球化面面观
简明逻辑学
法哲学：价值与事实
政治哲学与幸福根基
选择理论
后殖民主义与世界格局

福柯
缤纷的语言学
达达和超现实主义
佛学概论
维特根斯坦与哲学
科学哲学
印度哲学祛魅
克尔凯郭尔
科学革命
广告
数学
叔本华
笛卡尔
基督教神学
犹太人与犹太教
现代日本
罗兰·巴特
马基雅维里
全球经济史
进化
性存在
量子理论
牛顿新传
国际移民
哈贝马斯
医学伦理
黑格尔

地球
记忆
法律
中国文学
托克维尔
休谟
分子
法国大革命
丝绸之路
民族主义
科幻作品
罗素
美国政党与选举
美国最高法院
纪录片
大萧条与罗斯福新政
领导力
无神论
罗马共和国
美国国会
民主
英格兰文学
现代主义
网络
自闭症
德里达
浪漫主义

批判理论　德国文学　儿童心理学

电影